تحليل لغة الخبر السياسي
في الخطاب الإعلامي المكتوب

تحليل لغة الخبر السياسي
في الخطاب الإعلامي المكتوب

تأليف :

(رامي عزمي عبد الرحمن يونس)

دار المعتز
الطبعة الأولى
2012م- 1432هـ

الفهرس

الفصل الأول
الدراسة النظرية

الفصل الثاني

الدراسة التحليلية

المقدمة

تشهد الألفية الثالثة اهتماما متسارعا بالإعلام ووسائله المختلفة، للمكانة التي تشغلها في تشكيل الشخصية الحديثة، وتنميط سلوكها، حتى غدت الحقائق في العصر الراهن حقائق إعلامية إلى حد كبير.

وتضطلع اللغة بمكانة الوسيط المؤثر في حمل المرسلة الإشهارية للمتلقين، وتتشكل بمحتوى الفكر الذي يتبناه المرسل، وبذلك تغدو غير بريئة في نقل الرسائل الإعلامية، فتتلون بالأهداف التي يضمرها المرسل, ويرغب في إيصالها إلى المستقبل، لإقناعه بها، وقد عولت قوى المجتمع المتعددة، والسياسية خاصة على الإعلام كثيرا، ومحضته ثقتها واهتمامها؛ ليكون قنطرة لتحقيق أهدافها، التي تشكل قوام برنامجها السياسي الاجتماعي.

ونظرا للدور الفاعل للغة والإعلام وتأثيرهما في مناحي الحياة المتعددة، ارتأت هذه الأطروحة الموسومة بـ "تحليل لغة الخبر السياسي في الخطاب الإعلامي المكتوب" أن تخص الخطاب الإعلامي المكتوب بالنظر والتمحيص؛ لتقف على مدى أثره في الحياة اليومية، ومدى قدرة توجيه لغة الخبر السياسي للسلوك الفردي والجماعي، من خلال تناول أحداث حرب لبنان التي وقعت في شهر تموز من عام ألفين وستة للميلاد، أنموذجا للدراسة التحليلية.

والدافع في اختيار حرب لبنان هو ما أثارته هذه الحرب من مشكلات كبيرة، إذ تفرعت فيها الاتجاهات، وكثرت فيها الأقاويل، وتضاربت فيها الآراء، وتعددت فيها الرؤى، وتبدى ذلك من خلال اللغة المستعملة في صوغ الأفكار، ووجهات النظر.

جمع الباحث الأخبار السياسية التي تناولت هذه الحرب من أربع صحف لبنانية، تمثل أهم التوجهات السياسية والرؤى في لبنان، ولأنها واكبت الحرب عن كثب، وتعايشت معها؛ فهي بذلك تمثل المشهد بدقة وعمق، وهي: صحيفة "الانتقاد العهد" وتمثل توجه حزب الله السياسي، وصحيفة "السفير" وهي صحيفة يسارية لها ميول سورية؛ تقوم على مبدأ اشتراكي، وتمثل صوت الشعب، وصحيفة "المستقبل" التي تمثل تيار المستقبل المناهض للسياسة السورية، والموالية للسلطة اللبنانية، وصحيفة "النهار" الليبرالية ذات الميول المسيحية، وطائفة الموارنة خاصة.

يهدف المؤلف إلى إيضاح القوة التي يتمتع بها الخطاب الإعلامي المكتوب، من خلال الاستعمال والتفاعل الخطابي، واستقصاء سمات الخطاب الإعلامي المكتوب، وطبيعة العلاقة بين اللغة ومستعمليه، والكشف عما تحمله لغة الإعلام السياسي من مضامين، وإشارات، ودلالات من شأنها إظهار فكر مستعمليها واتجاهاتهم، وكيفية توظيفها في إثبات وجهات النظر، وإقناع المتلقين بها، ومدى تأثير مرجعيات الجهات الإعلامية في لغة أخبارها السياسية.

أما المنهج فهو منهج وصفي تحليلي مقارن، فالتحليل فيه يسير في مسارين متوازيين: الأول: مسار تحليل الخطاب المتمثل في الكشف عن الاستراتيجيات الخطابية والإعلامية، الموظفة لغايات ومقاصد مرجوة، والثاني: مسار تحليل مضمون لغة الخبر السياسي من خلال البحث في أنماط الخطاب المباشر وغير المباشر؛ للكشف عن نهج الصحف في تناول الحرب، واستنباط سمات الخطاب

الإعلامي المكتوب. ثم الوقوف عند التضليل الإعلامي، والتحيز اللغوي الماثلين في لغة الخبر السياسي في الخطاب الإعلامي المكتوب.

والوصفي لوصف استعمال اللغة المستخدمة في الصحف، وكيفية توارد الخبر السياسي الموظف في الإعلام عن حرب لبنان الصحف الأربع. والمقارن لعقد موازنات بين نهج الصحف، من خلال جداول ورسومات بيانية توضح الفكرة المرادة.

وينتظم الكتاب في فصلين اثنين:

أولهما دراسة نظرية لثلاثة مباحث هي: **الخطاب**، تبين مفهومه، وخصائصه، وأنماطه، وأجناسه، واستراتيجياته، وعناصره التي يرتكز عليها في بنائه، وسلطته، وما يصيبه من تضليل. ، ثم **اللغة الإعلامية** عامة والصحفية خاصة، من حيث طبيعتها وخصائصها، ودورها في التأثير والتوجيه، وما تنطوي عليه من تحيز لغوي. ثم **الإعلام** وما ينطوي عليه من أهداف، وظروفه الواقعية، والتي تحدد هويته وطبيعته في العالم العربي عامة، وفي لبنان خاصة.

وثانيهما دراسة تطبيقية للغة الخبر السياسي في الصحف اللبنانية الأربع زمن الحرب، للكشف عن تمثلات اللغة في الخطاب الإعلامي السياسي، وأنماطها الخطابية، واستراتيجياتها، ودور البنى الدلالية للخطاب التي بنيت لتحقيق قصد منشود، ومنهجها المتبع في التعبير عما ترومه.

أما فيما يتعلق بمن سبق في تناول الموضوع فمنهم: صفاء صنكور جابر

دراسة بعنوان "تحليل الخطاب في الدراسات الإعلامية"، تناولت الأسس النظرية للتحليل الإعلامي، وتحديد مدارس التحليل في الإعلام ومذاهبه، دون التخصص في مجال سياسي، أو اجتماعي، أو اقتصادي.[1]

و ثمة مؤلف آخر لجليل وادي حمود بعنوان "الخطاب الإعلامي وإدارة الأزمة السياسة" تناولت الخطاب الإعلامي في حرب الخليج، وكيف أدار الخطاب الإعلامي في الوسائط الإعلامية الأزمة السياسية، لكن من وجهة نظر إعلامية، لا تتقصى تمثلات اللغة في إدارة الصراع بقدر تقصي الإعلام ودوره في ذلك[1].

ودراسة عيسى عودة برهومة الموسومة بـ "صراع القيم الحضارية ما بعد 11 سبتمبر 2001 "، والتي تناول فيها قضية الخطاب والقيم الحضارية ، ورصد صراع القيم الحضارية الذي تفجر بعد أحداث11سبتمبر2001، معتمدا على تحليل نماذج من خطابات لساسة غربيين، وخطابات أخرى لساسة عرب، للوصول إلى تظهير صورة الأحداث على حقيقتها[2].

يرى الباحث أن الدراسات السابقة في هذا المضمار لم تكن ذات اتصال

[1] صفاء صنكور جبار، تحليل الخطاب في الدراسات الإعلامية (دراسة في الأسس النظرية)، جامعة بغداد، كلية الآداب، قسم الإعلام، 1996م .

[1] جليل وادي حمود، الخطاب الإعلامي وإدارة الأزمة السياسية، (1991- 1998)، أطروحة دكتوراه، جامعة بغداد، كلية الآداب، قسم الإعلام، 2000م.
[2] عيسى عودة برهومة، (صراع القيم الحضارية ما بعد 11 سبتمبر 2001) تقرير استراتيجي، مركز دراسات الشرق الأوسط، الأردن، 2006.

مباشر بموضوع البحث، إذ إن أغلبها تناول جدلية الشكل والمضمون في اللغة الإعلامية العربية، من وجهة نظر إعلامية، فكانت في مجملها تدور حول قضية الخطاب الإعلامي ودور الإعلام. أما هذه الدراسة فستتطرق إلى مباحث جديدة لم يبحث فيها عن كثب، أو تخصص لها دراسات مستقلة بها، في تحليل الخطاب الإعلامي ولغته السياسية مثل: أثر الرسالة الإعلامية في توجيه رأي الجماهير في الحرب، وما تحمله من مضامين، ودلالات، وإيماءات للمتلقين، وتفسير التحيز اللغوي في الإعلام ودوافعه، وتأثير المرجعيات المختلفة في لغة الإعلام، والبحث في سلطة الخطاب الإعلامي بسبب لغة خبره السياسي.

الفصل الأول
الدراسة النظرية

الفصل الأول

الدراسة النظرية

المبحث الأول

الخطاب

مفهوم الخطاب ودلالته في الثقافة العربية

مصطلح الخطاب، مصطلح غامض يكتنفه التشابك، وتتنوع الآراء فيه، ويقبل التأويل في حقول المعرفة المختلفة، لذا يصعب وضعه في إطار تعريفي يحدد خصائصه وسماته، وينطبق عليه في حقول المعرفة المختلفة التي تستعين بمفهوم الخطاب.

ارتبط الخطاب في الثقافة العربية بعلم الأصول؛ لفهم بيان الخطاب الديني، فدرسه علماء الأصول والفقهاء، ووضعوا ضوابط لفهمه، وبيان لغته، وطرائق تأويله، واستنباط معانيه ومقاصده، للوصول إلى مدلوله، غير غافلين عن العلل، والقرائن والسياقات المحيطة به.

ورد لفظ الخطاب في القرآن الكريم ضمن سياقات مختلفة، ودلت بمجملها على الكلام بين اثنين لبيان شأن أو غرض، ويرتبط في قوته "بقدرة المخاطب على التعبير عما يخطر بباله، ويحضر في خياله، ويختلف الناس في القدرة على التعبير عما في الضمير، فمنهم من يتعذر عليه الترتيب في بعض الوجوه، ومنهم من

يكون قادرا على ضبط المعنى، والتعبير عنه إلى أقصى غاياته"[1]، ما أكسبه قدرة تعبوية، وسلطة مؤثرة في السامعين.

والناظر في المعاجم العربية، يدرك أن دلالة لفظ الخطاب فيها لا تبتعد عن دلالته في المفهوم القرآني، ويبدو أن الإحالة المعجمية للخطاب[2] استقت دلالتها من دائرة التفسير القرآني، والمتتبع لمعانيه في المعاجم يلحظ أن أغلبها ارتبط بالمشافهة، أي(الكلام بين اثنين)، والملحوظ أن هناك تلازما دلاليا واضحا بين مفهومي (الخطاب) و(الكلام)، إذ وجد ترادف لغوي على مستوى اللفظ المعجمي الذي يشير إلى أصول مصطلح الشفاهية[3]، فمفاد ما يقوله ابن جني أن الكلام ألفاظ استقلت بنفسها، وجنيت منه ثمرة معناه[4]، ومعنى ذلك أن الكلام

---

(1) محمد فخر الدين الرازي، التفسير الكبير، مفاتيح الغيب، ط1، دار الكتب العلمية، بيروت، 1983م، ج 26، ص 187-188.

(2) الخطاب من خطب، فيقال خاطبه يخاطبه خطابا، فهو الكلام بين اثنين، انظر أبا الحسين أحمد بن فارس بن زكريا، ت 395هـ مقاييس اللغة، تحقيق عبد السلام هارون، دار الجيل، بيروت 1991م،ج 2، ص 198، مادة خطب . والخطاب في اللغة العربية تعني المكالمة أو الحدث أو اللغة المستخدمة بين اثنين، انظر ابن منظور أبا الفضل محمد بن مكرم ت711 هـ لسان العرب، ط1، دار صادر، بيروت ، مجلد 1، مادة خطب.

(3) انظر إبراهيم عبد اللـه، إشكالية المصطلح النقدي، الخطاب والنص، مجلة آفاق عربية، بغداد السنة الثامنة عشرة، آذار، 1993م ، ص59-60.

(4) انظر ابن جني أبا الفتح عثمان بن جني الموصلي، ت 392 هـ تحقيق محمد علي النجار، ط1، دار الكتب المصرية، القاهرة، ج 1، ص 18.

عنده جمل مستقلة بنفسها عن غيرها في المعنى، وترتبط دلالته بنظم الألفاظ وفق سياق خاص يؤدي إلى غنى في دلالات المبنى.

ويقول ابن هشام: "إن الكلام هو القول المفيد بالقصد، والمراد بالمفيد ما دل على معنى يحسن السكوت عليه"[1]، فكأنما أشار إلى ماهية الجملة بمنطق لساني معاصر، وبذلك ربط بعض علماء اللغة العرب الكلام بماهية الجملة[2]، التي قسموا عناصرها إلى اسمية وفعلية من حيث المسند والمسند إليه، وما أنجز عنها من علاقات حددها تمام حسان في العلاقات السياقية (القرائن المعنوية وحصرها

---

[1] ابن هشام، جمال الدين أبو محمد عبد الله بن يوسف. ت 761 هـ مغني اللبيب عن كتب الأعاريب، تحقيق: حسن حمد، دار الكتب العلمية، بيروت، 1998م ، ص 490.

[2] عرف جار الله الزمخشري الكلام بأنه: " المركب من كلمتين أسندت إحداهما إلى الأخرى" الزمخشري، أبو القاسم جار الله محمود بن عمر، ت538 هـ في كتابه المفصل، تحقيق: ج.ب. بروخ، الإسكندرية، مطبعة الكوكب الشرقي، 1806م ، ص 6 . وانظر الآمدي، أبا الحسن علي بن محمد ، ت713 هـ/1314م، في كتابه منتهى السول في علم الأصول، ج1، القاهرة، الجمعية العلمية الأزهرية المصرية، لا ت، لا ط، ص17 . أما الجرجاني فالكلام عنده هو: " المعنى المركب الذي فيه الإسناد التام أو ما تضمن كلمتين بالإسناد"، علي بن محمد الجرجاني، التعريفات، بيروت مكتبة لبنان 1978م، مادة كلام. وبذلك ساوى الجرجاني والزمخشري بين الجملة والكلام وتبعهما ابن يعيش في شرح المفصل للزمخشري، وكذلك ابن السراج والمبرد في المقتضب، إذ عدوهما مترادفتين.

في الإسناد) والتخصيص، والنسبية، والتبعية، والمخالفة[1].

ويبدو أن تصور اللغويين العرب للجملة وصلتها بالكلام كان يشوبه الغموض والتناقض في بعض الأحيان؛ لأن هناك من خالف رأي المساواة بين الجملة والكلام، منهم الرضي الاستراباذي الذي فرق بين الكلام والجملة: "بأن الجملة ما تضمنت الإسناد الأصلي، سواء كان مقصودا لذاته أم لا، كالجملة التي هي خبر المبتدأ...، والكلام ما تضمن الإسناد الأصلي، وكان مقصودا لذاته، فكل كلام جملة، ولاينعكس"[2]. ويرى التهانوي ذلك إذ قال إن الخطاب هو "توجيه الكلام نحو الغير للإفهام"[3]، فميز بين الكلام عامة والخطاب بوصفه نوعا من الكلام، حين أشار إلى أن الكلام يطلق على العبارة الدالة بالوضع على مدلولها القائم بالنفس، والخطاب يكون: "إما الكلام اللفظي أو الكلام النفسي الموجه نحو الغير للإفهام"[4].

---

[1] انظر تمام حسان، اللغة العربية معناها ومبناها، دار الثقافة، الدار البيضاء، ص 189- 204.

[2] الرضي الاستراباذي، نجم الدين محمد بن الحسن، ت686هـ شرح الرضي على الكافية، مصحح: يوسف حسن عمر، جامعة قاريونس، بنغازي، ليبيا، 1978م، ص 52.

[3] التهانوي، محمد بن علي، كشاف اصطلاحات الفنون، تحقيق لطفي عبد البديع، القاهرة، الهيئة العامة للكتاب، ج 2، 1972، ص 175.

[4] التهانوي، محمد بن علي، كشاف اصطلاحات الفنون، ص 175. ففرق الرضي الاستراباذي وابن هشام والتهانوي بين الجملة والكلام. وبذلك تعددت آراء اللغويين العرب، فما أخلص إلى أن
=

هذا فيما يتعلق بمنظور العرب القدامى للخطاب، أما عند المعاصرين، فقد تعددت المفاهيم حول الخطاب؛ نظرا لاختلاف الرؤية والمنظور له، يذكر من ذلك رأي الكفوي : " الكلام هو الذي يقصد به الإفهام، والخطاب: هو اللفظ المتواضع عليه والمقصود به إفهام من هو متهيئ لفهمه"[1]. ولما كان القصد من الخطاب إفهام من هو متهيئ لفهم الكلام، كان لا بد من مخاطب ينشىء بنية لغوية، ليرسل عبرها أفكاره إلى المتلقي. وهذا يدل على أن الخطاب يعني: "كل ما يصدر عن المخاطب من كلام أو إشارة أو إبداع فني"[2]، وله جانبان: ما يقدمه المخاطب وهو الخطاب، وما يصل إلى المتلقي وهو التأويل[3].

= الجملة وحدة لغوية أقل من الكلام، بغرض إفادة السامع معنى من المعاني يوجد فيها، ويميزها عن غيرها من الجمل الأخرى. للاستزادة في هذا الأمر انظر مازن الوعر، جملة الشرط عند النحاة والأصوليين العرب في ضوء نظرية النحو العالمي لشومسكي، لبنان، 1999م، ص8-10.

[1] الكفوي أبو البقاء أيوب بن موسى الحسيني، الكليات، معجم المصطلحات والفروق اللغوية، تحقيق عدنان درويش، ومحمد المصري، مؤسسة الرسالة، ط 2، 1993م، مادة خطب.

[2] سمير استيتية، اللغة وسيكولوجية الخطاب بين البلاغة والرسم الآخر، المؤسسة العربية للدراسات والنشر، بيروت، 2002 م ، ص 15.

[3] محمد عابد الجابري، الخطاب العربي المعاصر، دراسة تحليلية نقدية، بيروت، ط 1، دار الطليعة، 1982م، ص35 .

وبذلك يتضح أن هناك فرقا بين ما يقدمه المخاطب، وما يفهمه المتلقي بمقدار الاختلاف في القصدية، فالخطاب محكوم بمستوى الحدس (الافتراض)، الذي يقوم به الكاتب بإعادة القراءة، فهو المتلقي الأول، ثم يقوم بإعادة الإنتاج بافتراض القارئ الأنموذجي، لكن هذا القارئ يستمد مرجعيته من معجم المؤلف الخاص[1].

من منظور آخر عرف الخطاب بأنه "مجموعة من التعابير الخاصة التي تتحدد بوظائفها الاجتماعية، ومشروعها الأيديولوجي"[2]، ويعد الخطاب نتاج العقل والمنطق؛ لأنه "نظام ليس في جوهره إلا بناء فكريا، يحمل وجهة نظر قد تمت صياغتها في بناء استدلالي، له مقدمات ونتائج بين مخاطب ومتلق ضمن عملية التواصل والاتصال "[3]، وهذا التعريف يقود إلى العلاقة المتشابكة بين الفكر والواقع، فالفكر يشكل الواقع، والواقع ما تختبر فيه الأفكار، وتقاس مدى فاعليتها، والخطاب عملية متواصلة مستمرة بين طرفين: مخاطب ومتلق ، أو بين فكر وواقع إنساني. لذا فالخطاب "نظام فكري يتضمن منظومة من المفاهيم

---

[1] ناصر عويد شاطي، الخطاب الثقافي، النص والقارئ، جريدة الصباح، السعودية، العدد 417، 25 / 10 / 2004، ص7 .

[2] سعيد علوش، معجم المصطلحات الأدبية المعاصرة، الدار البيضاء، المغرب، 1985م، ص 83.

[3] محمد عابد الجابري، الخطاب العربي المعاصر، دراسة تحليلية نقدية، ط2، دار الطليعة، بيروت، 1985م، ص 128.

والمقولات النظرية، حول جانب معين من الواقع الاجتماعي، ويتم فهم المنطق الداخلي للخطاب من خلال هذه المنظومة الفكرية، التي تبني المفاهيم والمقولات بناء استدلاليا لتحددها وتنتجها"[1]. فتعاريف الخطاب كثيرة، ومفهوماته يعز عليها الحصر كما تقدم[2]؛ لأن كلا منها يخضع لحقل معرفي دون آخر، فيحاول إعطاءه خصائص الحقل المعرفي دون مراعاة خصائصه في حلقة الأصل .

دلالة مفهوم الخطاب في الثقافة الغربية

تنوعت الرؤى في الخطاب لدى الغربيين القدماء، والمعاصرين، وتشابكت موضوعاته واهتماماته، وترتد بدايات النظر فيه لديهم إلى أفلاطون الذي ربط

---

[1] عبد العليم محمد، (ملاحظات نقدية حول دراسة الخطاب السياسي)، مجلة المنار، باريس، عدد 7، السنة الأولى، تموز 1985م، ص 18.

[2] للاستزادة ينظر: إبراهيم عبد الله، إشكالية المصطلح النقدي،الخطاب والنص، مجلة آفاق عربية، بغداد، السنة الثامنة عشرة،آذار، 1993م، ص 59. ونايف خرما، أضواء على الدراسات اللغوية المعاصرة، سلسلة عالم المعرفة، العدد 9 ، الكويت، المجلس الوطني للثقافة والفنون والآداب، 1978م، ص 98. و سيار الجميل، الخطاب التاريخي العربي، مجلة المستقبل العربي، بيروت، العدد 148 ، 1991م، ص 23. و ضياء رشوان، مفهوم الحدود في الخطاب القومي العربي، مجلة السياسة الدولية، القاهرة العدد111، 1993م، ص 177. فلم يذكر الباحث تعاريف الخطاب جميعها ومفهومه حتى لا يستغرق في بيان جوانب الخطاب والرؤى المتعددة له تبعا للحقول المعرفية المتنوعة، وتبعا لعلم الأصول.

دلالة الخطاب الخاصة بالاستناد إلى قواعد عقلية محددة[1]، أما في العصور الوسطى فكان لديكارت الأثر الكبير في تمثل العناية الجلية بالخطاب الفلسفي وتحديد ماهية المصطلح[2].

ولعل نظرة فاحصة في المعاني المعجمية الغربية للخطاب، تسلمنا إلى أنها استندت إلى إشارات أفلاطون القديمة، فكلمة (Discourse) أصلها اللاتيني، (Discursus)، وهي التي تعبر عن العقل أو النظام(Logos)[3] ، وتعني "حديثا لسانيا محضا"[4].

أما المفاهيم التي جاء بها اللغويون المعاصرون فقد ارتبطت بالدراسات اللسانية، ولعل أولهم العالم فرديناند دي سوسـير (De so seir)، الذي يعد رائد علم اللغة العام في العصر الحديث، إذ فرق بين اللغة والكلام، فالكلام لديه يرادف مصطلح الخطاب الذي يرى من سماته التعدد، والتلون، والتنوع، أما الفرق فيكمن في أن "اللغة شيء اجتماعي، ووسيلة ممكنة، بينما الكلام (الخطاب)

---

[1] انظر إبراهيم عبد الله، إشكالية المصطلح النقدي، مرجع سابق، ص 59.
[2] انظر المرجع السابق، ص 59، ص 60.
[3] الزواوي بغورة، مفهوم الخطاب في فلسفة ميشيل فوكو، المجلس الأعلى للثقافة، القاهرة، 2000م، ص 89-90.
[4] محمود عكاشة، لغة الخطاب السياسي "دراسة لغوية تطبيقية في ضوء نظرية الاتصال"، ط 1، دار النشر للجامعات 2005م،   ص35-36.

منجز فردي، وأنشطة وممارسات فعلية اتصالية"[1]. ثم تبعه بيسونس (Besons) سنة 1943م، الذي يعد من أوائل الذين طرحوا مسألة الخطاب في الدراسات اللسانية، إذ رأى أنه يمكن أن يعد موضوع نظرية ألسنية[2].

ونظر هاريس (Harris) إلى الخطاب من خلال نظريته التوزيعية في اللسانيات الحديثة، فرأى أن الخطاب "ملفوظ طويل، ورهين نظم متتالية من الجمل تقدم بنية الملفوظ" [3]. أما منظور النظرية التوليدية التحويلية للخطاب، فقد أوضحها بييرف زيما (Zeama) من خلال جعل الخطاب وحدة فوق جملية، تولد من لغة جمالية، وتعد بنيتها الدلالية بوصفها بنية عميقة جزءا من شفرة[4]، وهذا ما يقابل الأداء اللغوي لدى تشومسكي .

ثم يأتي إميل بنفينست (Beneveniste) ليرى الخطاب من منظور جديد، وهو أنه: "كل تلفظ يفترض متكلما ومستمعا، وعند الأول هدف التأثير في الثاني

---

[1] عبد الستار جواد، دراسة في صناعة النصوص الإعلامية وتحليلها، منشورات دار الهلال للترجمة، عمان، 1998م، ص 70.
[2] الزواوي بغورة، مفهوم الخطاب في فلسفة ميشيل فوكو، ص 90.
[3] سعيد يقطين، تحليل الخطاب الروائي وأبعاده النصية، مجلة الفكر العربي المعاصر، بيروت، شباط، 1989م، العددان 48 ، 49، ص17. وانظر محمود عكاشة، لغة الخطاب السياسي، ص 37.
[4] بييرف زيما، نحو سوسيولوجية للنص الأدبي، ترجمة: عمار بلحس، مجلة العرب والفكر العالمي، العدد 5 ، 1989م، ص 93.

بطريقة ما" [1] فالملحوظ أن رؤية بنفينست اختلفت عن سابقيه للخطاب، إذ تجلت في عنايته بقيمة التلفظ، وهذا جعل اللغة تنتقل من سكونيتها إلى حركيتها في الاستعمال الفردي (الكلام والخطاب)، فالتلفظ عنصر من عناصر اللغة التي تشكل ماهية الخطاب، وبذلك يمكن بناء علاقة بين المخاطب والمتلقي.

وهذا يماثل ما ذهب إليه تودوروف (Todorouv) بأن الخطاب "أي منطوق أو فعل كلامي يفترض وجود راو ومستمع، وفي نية الراوي التأثير في المستمع بطريقة ما" [2] ، فكأنما أشار كل من بنفنسيت وتودوروف إلى عناصر الخطاب، ومقوماته التي تحتاج إلى مخاطب ومتلق، وينتج عن عملية التواصل بينهما تأثيرما، وإذا ما نظر إلى ما قالاه، وما قاله الكفوي فسيلحظ توافق حول وجود قصد لعلمية التلفظ، هو إفهام المخاطب فكرة، وهو كنه عملية التأثير.

و نظر شميدث(Shmideth) إلى الخطاب من منظور اجتماعي، فقال: " إنـه كـل لغـة متجليـة في صـورة تواصـلية أو اجتماعية" [3]، بمعنى أن الخطاب لغة تفاعل بين أفراد المجتمع الذين يتواصلون عبر اللغة . وذهبت سارة ميلز (Miles.s) إلى أن الخطاب يتمثل في مجموعة من الجمل والتصريحات، تمثل سياقا اجتماعيا،

---

[1] انظر سعيد يقطين، تحليل الخطاب الروائي، ص 17 ، و محمود عكاشة، لغة الخطاب السياسي، ص37.
[2] تزفتان تودوروف، اللغة والأدب في الخطاب الأدبي، ترجمة: سعيد الغانمي، بيروت المركز الثقافي العربي، 1993م، ص 93.
[3] محمود عكاشة، لغة الخطاب السياسي، ص 38-39.

فالخطاب في منظورها: "محادثة رسمية، أوالمصطلح الرسمي المنظم للأفكار سواء كـان مكتوبـا أم مقـروءا "[1]. إلا أن مـا قالته يحتاج إلى نظر؛ لأن جوهر الخطاب لا ينحصر في الجمل والعبارات التي لا تحمل قوة وتأثيرا إلا ضمن سياقها الاجتماعـي، بل يتعدى إلى معناها، وعلى ذلك يكون الخطاب في جانبه الاجتماعي مجموعـة مـن الإجراءات الذهنيـة، يقـوم بهـا المخاطب ضمن سياقات اجتماعية، تشكل منظومة فكرية معينة، تعبر عن هدف في نفس المخاطب، يبثها عبر اللغة في مستوياتها جميعا، ليصل القصد إلى المخاطب.

ويوضح فوكو (Fouco) ماهية الإجراءات الذهنية الماثلة في الخطاب من خلال قوله: "إنه عملية عقلية منظمة منسـقة، أوعملية مركبة من سلسلة من العمليات العقلية الجزئية، أو تعبير عن التفكير بواسطة سلسلة من الألفاظ والقضايا التي يرتبط بعضها ببعض"[2]، تتم ضمن سياق اجتماعي، ليظهرأثرها، وقال مانقتون" (Maneqton) : بأنه ينبغي عند الحديث عن الخطاب ألا نقطع الكلام في سياق بلفظ مفرد[3].

---

[1] سارة ميلز، مفهوم الخطاب في الدراسات الأدبية واللغوية المعاصرة، ترجمة: عصام خلف كامل، دار فرحة للنشر والتوزيع، ص 7، ص 21.
[2] ميشيل فوكو، نظام الخطاب وإرادة المعرفة، ترجمة: أحمد سلطان وعبد السلام بن عبد العالي، دار النشر المغربية، الدار البيضاء، المغرب، 1985م، ص 9-10.
[3] توفيق قريرة، التعامل بين بنية الخطاب وبنية النص، مجلة عالم الفكر، العدد الثاني، مجلد 32 ، 2003، ص 183.

أما إذا نظر في دلالة الخطاب من منظور إعلامي، فيظهر أن الإيصال هو البعد الأول للخطاب الذي هو أساس عملية الاتصال، والتأثير هو البعد الآخر له، والذي يقصد به جمهور ما، بتقديم أدلة منطقية عبر الألفاظ التي تؤدي إلى تغيير اتجاه المتلقي، أو ترسيخه ضمن سياق محدد.

تعددت الرؤى للخطاب، ولم يسهل إيجاد تعريف جامع لحدود مفهوم الخطاب، لذا توصل الباحث في فهمه للخطاب إلى اعتماده على رؤية ميشيل فوكو للخطاب بما يتناسب مع مضمون الدراسة، إذ يقول: " إن الخطاب مصطلح لساني يتميز عن النص والكلام والكتابة وغيرها، ويشمل كل إنتاج ذهني، منطوقا أم مكتوبا، فرديا أم جماعيا، وللخطاب منطق داخلي، وارتباطات مؤسسية، فهو ليس ناتجا بالضرورة عن ذات فردية يعبر عنها أو يحمل معناها، أو يميل إليها، بل قد يكون خطاب مؤسسة أو فترة زمنية، أو فرعا معرفيا ما"[1] .

عد فلاسفة العصر الحديث مصطلح الخطاب مصطلحا فلسفيا، وحلل الفيلسوف الفرنسي فوكو في كتابه (حفريات المعرفة) بنية الخطاب تحليلا تفصيليا، نتج عنها منظومة اصطلاحية صغرى خاصة به، ويتصل بها في علاقة مفهومية خاصة مثل:(حقل الخطاب)، و(الوحدة الخطابية)، و(التشكيلة الخطابية)، و(العلاقات الخطابية)، و(الممارسة الخطابية)[2]، وهذه المنظومة

---

[1] ميشيل فوكو، إرادة الخطاب ونظام المعرفة، ص 9.
[2] هذه المنظومة الاصطلاحية الناتجة عن مصطلح الخطاب تقترب من المفهوم الدلالي للخطاب، للاستزادة: انظر ميشيل فوكو، حفريات المعرفة، ترجمة سالم يفوت، الدار البيضاء، المركز الثقافي العربي، 1987م، ص 22- 35. وللوقوف على المزيد من تعريفات =

الاصطلاحية لا تفهم بمعزل عما يتناوله الخطاب في حياة المخاطب والمتلقي، لذا يتعين تحديد جنس الخطاب حتى يتسنى فهم العلاقات المفهومية الخاصة بالخطاب.

=الخطاب انظر سعيد يقطين، تحليل الخطاب الروائي (الزمن، التبئير،...) المركز العربي الثقافي، بيروت، لبنان، ط 2، 1997م، ص16-19. وانظر محمود عكاشة، خطاب السلطة الإعلامية وتقنية التعبير اللغوي، ط 2، الأكاديمية الحديثة للكتاب الجامعي، القاهرة، 2007، ص7 - 9 .

29

أجناس الخطاب

يتناول الخطاب جانبا معينا من جوانب الواقع الإنساني، فيمكن بذلك تصنيفه في أجناس عدة بناء على ما يتناوله، منها: الخطاب الأدبي، والصحفي، والسياسي، والاقتصادي، والإعلامي، وغير ذلك، "فالخطاب معرفة منظمة خاصة بجانب محدد من الواقع، أو من ظاهرة محددة"[1]، والمحدد لجنس الخطاب هو ما يتناوله في جانب من جوانب الواقع، كالخطاب السياسي، والإعلامي.

وما يميز الخطاب السياسي من غيره من أجناس الخطاب خضوعه لنفوذ السلطة وتأثيرها، لذا يعكس علاقة السلطة بالمجتمع وتطوره وثقافته، ولا تظهر مدى فاعليته إلا من خلال القدر الذي يحظى به من التأثير في توجيه المجتمع، وتحديد الإشكاليات السياسية، وتشخيصها، وتصوير واقع سياسي معين، ومفاهيم سياسية في محيط اجتماعي يراد إفهامها للمتلقين.

وعليه فالخطاب السياسي هو خطاب السلطة الذي يوجه عن قصد نحو المتلقي للتأثير به، وإقناعه بمضمون الخطاب، الذي يتضمن أفكارا سياسية أو يكون موضوعه سياسيا [2]، ويلجأ غالبا إلى استثارة الرموز في عقول المخاطبين

---

[1] حميدة سميسم، بحث، الخطاب الإعلامي، المؤتمر العلمي الثالث: تحليل الخطاب العربي. 1997م، عمان، جامعة فيلادلفيا، ص 108.

[2] انظر مازن الوعر، اللسانيات وتحليل الخطاب السياسي، المجلة العربية الإنسانية، مجلس النشر العلمي، جامعة الكويت، عدد 44، سنة 1997، ص 135.

من أفراد المجتمع؛ كي يتمكن من تحقيق هدفه[1]؛ لأن الخطاب السياسي إفراز للمثيرات الاجتماعية والسياسية التي تنعكس عليه[2]، والواقع الذي يتناوله هو التفاعلات والصراعات والأزمات بين المجتمعات السياسية وما ينتج عنها.

أما الخطاب الإعلامي فيتناول "عملية تقنيع الواقع، وتصويره وفق إدراك مسبق لما يجب أن يكون، ويتم تمثله في نظم من المفاهيم والتصورات التي تتميز بمنطق داخلي يحكمها، هدفه الإقناع والاستجابة السلوكية لما يقوله"[3]. والمقصود بـ (تقنيع الواقع) هو استبدال علاقات تصورية بالعلاقات الاجتماعية الحية المعيشة؛ حيث يقوم التصويري مقام الحقيقي، ويستبدل الواقع المتخيل بالمعيش؛ لتزييف الوعي بأقنعة تحول دون التعرف إلى الواقع الحقيقي.

ويسعى الخطاب الإعلامي إلى إطلاق أحكام كلية عامة للمتلقين؛ لأن الإعلامي يرى الأحداث والوقائع، ثم يحاول نقلها كما هي، لكن عند صياغة الخطاب وكتابته تتم إعادة تركيب الواقع بما يخدم أغراض صاحب الخطاب، ويرجع ذلك ـ الذي ربما يكون بقصد أو دون قصد ـ إلى أن الخطاب الإعلامي المكتوب يفتقر إلى مؤثرات قوية في المتلقي مثل الصوت والصورة، التي تعد من الوسائل المساعدة في التأثير، "فالنص الإعلامي المكتوب وحده سيقوم بالدور

---

[1] انظر محمد داود، اللغة السياسية في عالم ما بعد 11 سبتمبر، دار غريب للطباعة والنشر، القاهرة، 2003م، ص25.
[2] انظر محمود عكاشة، لغة الخطاب السياسي، ص 45.
[3] حميدة سميسم، الخطاب الإعلامي، المؤتمر العلمي الثالث، ص 111، وللاطلاع على شرح واف لمصطلح (تقنيع الواقع) ص112.

التواصلي، لذا ستكون العناية أكبر من حيث الدقة في الصياغة، واستخدام المفردات، والبنى الصرفية، والتراكيب النحوية لانتقاء ما هو أقدر على التعبير، وأعمق في التأثير لما يراد إيصاله"[1]. فيحاول الإعلامي نقل الواقع كما هو، ولكن بعضهم، إن لم يكن معظمهم، عند كتابته للخطاب يقوم بتشويهه، لعدم قدرته على توفير عناصر الخطاب الاعلامي الثلاثة: ضبط الألفاظ، واختيار المفردات المناسبة، ومراعاة الكلام لمقتضى الحال[2].

ويقول روبرت دي بوجراند (R .D .Bugrand): إن إعلامية الخطاب المكتوب عنصر مهم في الخطاب، وعندما لا يتوقع المتلقي ورود هذا العنصر ثم يفاجأ به، فإن مستوى الكفاءة الإعلامية سيرتفع[3]، ويستمد الخطاب إعلاميته من كون قصده التوصيل، والتأثير الموجه في جمهور ما، وحثه على التفاعل بصورة مجدية ومعبرة مع اللغة إلى جانب عناصر النص : السبك والالتحام والقصد والقبول، ومراعاة الموقف والتناص[4].

يظهر مما سبق أن الخطاب الإعلامي يقوم على مجموعة مبادئ عامة

---

[1] حنان إسماعيل، التراكيب الإعلامية في اللغة العربية، ط 1، دار وائل للنشر، عمان، 2006، ص 9.
[2] انظر اللغة العربية في الإذاعة والتلفاز والفضائيات، الموسم الثقافي الحادي والعشرون، لمجمع اللغة العربية الأردني، 2003م.
[3] انظر روبرت دي بوجراند، النص والخطاب والإجراء، ترجمة: تمام حسان، ط1، عالم الكتب، القاهرة، 1998، ص8.
[4] انظر روبرت دي بوجراند، النص والخطاب والإجراء، ص32.

تتحكم في عملية التواصل الإعلامي، وتؤلف بمجموعها منهج التعامل والتواصل مع سلوك الفرد والجماعة، ويرى الباحث أن ذلك هو المنهج، وهو كنه الخطاب الإعلامي، الذي لا يتخذ صفته من المناسبة التي يقال فيها؛ بل من الجانب الذي يتناوله من الواقع الإنساني .

وبعدما توضح مفهوما الخطاب السياسي والإعلامي، وتم الفصل بين مدلوليهما، لعله من الممكن إظهار جنس خطابي يواكب التطور الإعلامي في واقع السياسة، من خلال الجمع بين مدلولي الخطاب السياسي والإعلامي في مصطلح واحد هو (الخطاب السياسي الإعلامي)، والهدف من إظهار هذا المصطلح هو إبراز التداخل الكبير الماثل بين واقع السياسة والثورة الإعلامية المعاصرة، إذ أضحى جل عناية الإعلام هو تقنيع الواقع السياسي، وتقديمه بصورة مختلفة عما هو، فتتحول الآراء والقناعات السياسية إلى سلوك يتواءم وأهداف المخاطب.

بذلك يصبح الخطاب السياسي الإعلامي انعكاسا للصراعات السياسية في قالب إعلامي، ويهدف إلى تحقيق السيطرة على فكر المتلقين من خلال بث قناعات تتوافق ومقصد منتج الخطاب، فيحقق أكبر قدر من الإرادة الجماعية، فيرغب بمقصده دون ضغط أو إكراه عبر مضمون لغوي تلفظي يعتمده الخطاب في العملية التواصلية الإعلامية.

من هنا كانت العناية جلية بالخطاب في عالم السياسة والإعلام، إذ أصبح محور عدد من الدراسات اللسانية الحديثة؛ لما له من تأثير جلي في المجتمع، إذ يعكس صور التفاعل بين أفراده الذين يعبرون عن أنفسهم من خلال اللغة، التي تتوافر فيها عوامل متعددة، مثل الإفهام وقدرة الإقناع؛ لتوجيه المجتمع نحو أهداف بعينها، تحمل مضامين ودلالات وأفكارا. لكن لا بد لهذا الخطاب من خصائص معينة ليتحقق المقاصد المبتغاة من إنشائه.

خصائص الخطاب السياسي الإعلامي

يدل الخطاب السياسي الإعلامي على أنه ملفوظ أو مكتوب يشكل وحدة لغوية خاضعة للتأمل لتقنيع واقع سياسي، من خلال تسلسل جمل متتابعة تصوغ ماهيته السياسية، رغم وجود تباين في تحديده بوصفه بينة لغوية ظاهرة، ويهدف إلى التواصل لذا يعد الخطاب وحدة تواصلية، تدلل على دور متلقي الخطاب الذي لا بد أن يستشف القصد الذي يرومه المخاطب، وأن يتمثل الرسالة الدلالية الكامنة في خطابه، كي تكتمل دائرة الاتصال، جنبا إلى جنب مع عناصر الاتصال الأخرى، حتى ينفذ قصد المخاطب إلى المتلقي.

لذا فالخطاب نسق لفظي، وتركيب من الجمل المنظومة على وجه مخصوص، ينتظم في عملية اتصالية ضمن سياق اجتماعي من مخاطب إلى متلقي؛ بقصد التأثير به لإقناعه بمضمون رسالته، لكن لا بد من التأكيد على وجود نسق خاص من التأليف بين الجمل المتتالية، كي تشكل مادة تأثيرية، وإلا تشكلت مادة عبثية اعتباطية، وهذا النسق الخاص يظهر عبر نمط خطابي خاص ببنية الخطاب، وطبيعة المخاطب .

أنماط الخطاب

لا بد من وجود نمط خطابي مناسب، يوظفها المخاطب؛ ليسهل عليه الحوار مع متلقيه، حتى يعي الثاني خطاب الأول بفاعلية، لذا يلزمه اختيار أحد نمطين ذكرهما معظم اللغويين[1]، وهما: الخطاب المباشر: ويتسم بحواريته التي تمكنه من الاستغناء عن كثير من التقنيات المجازية؛ لامتلاكه إحالات بسيطة إلى الأشياء. والخطاب الضمني أو ما يعرف بالخطاب غير المباشر: إذ يتعارض مع المباشر بامتلاكه قدره حدسية بالمرجعية، وقدرة على توليد مستويات التأويل إلى ما لا نهاية[2].

ويعد صلاح فضل أقصى درجة من الموضوعية للخطاب المباشر تكمن عند إدخال كلمات القائل في صيغة الخطاب إدخالا مباشرا، على قدر يلتزم بالنقل الحرفي دون تحريف، ولا يتوقف أمر الموضوعية على درجة مطابقة الخطاب المذكور للأصل فحسب، بل يتجاوزه إذا ما وجد تدخل في المعنى، أو تحرف له من قبل الذي تذكر كلماته. فلا بد للمتكلم إلى تمثل السياق الذي جرى

---

[1] خصص ميخائيل باختين في كتابه "الماركسية وفلسفة اللغة" الفصلين الأخيرين للخطاب المباشر والخطاب غير المباشر ومتغيراتهما، وذكر نمطا ثالثا وهو الخطاب غير المباشر الحر في الفرنسية والألمانية والروسية وهي دراسة مقارنة.

[2] انظر ميشيل فوكو، حفريات المعرفة، ص 67- 109 ، وانظر سعيد علوش، معجم المصطلحات الأدبية المعاصرة، ص 84-85.

فيه القول المذكور في الخطاب، حتى يكون خطابه مباشرا واضحا، لكن لا يعني ذلك تلاشي شخصية المتكلم المنقول عنه[1]

أما الخطاب الضمني (غير المباشر) فيتولد عند امتصاص خطاب آخر، وأدائه بطريقة غير حرفية، مما يتطلب تحويل أزمنته الفعلية، وتعديل ضمائره وإشاراته؛ كي تتسق في اتجاهاتها

وإحالاتها، فبذلك يقوم المتكلم بإعادة صياغة الكلام الذي ينقله مستخدما كلماته هو، ليؤدي بها ما قاله المتكلم المنقول عنه، وربما يقوم بإيجازه أو تلخيصه[2]، فكأن المخاطب يستقل بنفسه عن شخصية المتكلم المنقول عنه، وينسحب العكس على الخطاب المباشر، فالمخاطب لا يغير كلمات المتكلم ، بل يحاول إعادة تصوير السياق الذي قيلت فيه، وتقمص شخصية المتكلم، لكن ما طبيعة الكلام الذي ينظمه هذا المخاطب أو ذاك المتكلم ؟ وفي أي بنية يصنف؟ أفي بنية النص أم بنية الخطاب؟

---

[1] انظر صلاح فضل، بلاغة الخطاب وعلم النص، عالم المعرفة، الكويت، عدد 164، آب، 1992م، ص 100-101.

[2] انظر صلاح فضل، بلاغة الخطاب وعلم النص ، ص 101- 102.

بين الخطاب والنص

هذا التساؤل جدير بالاهتمام حول طبيعة الكلام الصادر عن فاعل الخطاب، هل ما ينظمه من كلام هو خطاب أم نص؟ وهل يختلف الخطاب عن النص أم هما متشابهان؟ إذ باتت إشكالية[1] اختلف حولها العلماء، وتعددت فيها وجهات النظر، فمنهم من وضع الخطاب مقابل النص، وبعضهم رأى الخطاب أعم وأشمل من النص، ومنهم من دافع عن شمولية النص على الخطاب.

وقبل الحديث عن هذه الإشكالية، لا بد من الإشارة إلى عدم استعمال مصطلح النص بوصفه كلمة ذات معنى معجمي قديم[2]؛ لأن هذا المصطلح بما يعنيه الآن هو ترجمة لكلمة (Textes) في الفرنسية، أو كلمة (Text) في الإنجليزية، حيث كان مصطلح النص " في اللغات الأوروبية يعني نسيجا من العلاقات

[1] استخدم الباحث مصطلح (إشكالية)؛ لأنها تشكل قضية يقف عندها العلماء، ولا يتفقون عليها لتعدد الرؤية للنص والخطاب حسب الحقول المعرفية، وحسب فهم كل منهم لمدلول الخطاب والنص .

[2] مصطلح النص يعني: الرفع والظهور والانكشاف، فيقال: "نص الحديث إلى فلان: أي رفعه" ونص العروس أي أقعدها على المنصة، بالكسر، وهي ما ترفع عليه فانتصت، ونصت الظبية أي رفعت قليلاها، ونص الشيء أظهره. انظر الفيروزابادي أبا ظاهر محمد بن يعقوب ت 817هـ القاموس المحيط، تحقيق مكتب التراث في مؤسسة الرسالة، ط 1، بيروت، 1986م، مادة (نصص).

اللغوية المركبة، التي تتجاوز حدود الجملة بالمعنى النحوي للإفادة، الأمر الذي يؤكد أصل اشتقاقها من اللغة اللاتينية"[1].

من الآراء حول هذا النص والخطاب رأي التداوليين؛ إذ يضعون الخطاب في مقابل النص، ويعدونهما مترادفين في المدلول، فالنص يستعمل للدلالة على البنية النظرية المجردة، وهو "البناء المجرد المنظور إليه عادة تحت اسم الخطاب"[2]، وهو عندهم "نسج من الوحدات الدالة، والمفاهيم القائمة، وهو نسيج من الكلمات المنطوقة في التأليف، والمنسقة بحيث تفرض شكلا ثابتا ووحيدا"[3]، وبذلك إذا ما تحول الخطاب إلى شكل كتابي صار نصا[4].

أما من خالف الرأي السابق فمنهم روبرت دي بروجراند إذ يرى اختلافا في مدلوليهما، كون الخطاب أعم وأشمل من النص، إذ: "لا يمكن النظر إلى النص بزعم أنه صورة مكونة من الوحدات الصرفية أو الرموز؛ بل النص عمل

---

[1] نصر حامد أبو زيد، النص والسلطة والحقيقة، الفكر الديني بين إرادة المعرفة وإرادة الهيمنة، ط 1، المركز العربي الثقافي، الدار البيضاء، المغرب، 1995م، ص 150.

[2] أحمد محمد الإدريسي، تداوليات الخطاب واللسانيات، رسالة ماجستير، جامعة القاهرة، كلية الآداب، قسم الآداب، سنة 1987، ص8 .

[3] رولان بارت، نظرية النص، ترجمة: محمد خير البقاعي، نقلا عن مجلة العرب والفكر العلمي، بيروت، عدد 1988م، ص 89.

[4] انظر بول ريكور، النص والتأويل، ترجمة: مصطفى عبد الحق، نقلا عن مجلة العرب والفكر العلمي، بيروت، عدد 1988م، ص37-38.

إنساني، ينوي به شخص إنتاج نص موجه إلى السامعين؛ ليبنوا عليه علاقات من أنواع مختلفة[1]، في حين يمكن لمجموعة من النصوص ذات العلاقات المشتركة التي يربط بينها مجال معرفي واحد، أن تعد خطابا [2].

هناك من رأى أن الخطاب " ليس هو النص، إنما النص مضافا إليه سلسلة من التفاعلات بين مرسل الخطاب ومصدره، وبين مستقبل الخطاب والمتفاعل معه، هذه السلسلة تؤدي في التحليل إلى إحداث تعديل، أو تطوير، أو إضافة، أو حذف من ذلك النص الذي يبدأ به الخطاب"[3]، وبذلك تتسع النظرة للنص، إذ لم تعد تقتصر على الجوانب النحوية أو الدلالية التي تصنع تناسقه وانسجامه، بل تعدت إلى حركات النص وكيفية تقديم المعلومة، أي أصبحت موجهة نحو البنية.

وأشار هيلدي جسن (Hellediy . J) إلى أن لكل نص بنيتين هما: بنية ذاتية (هي التي فيه)، وبنية يشترك فيها مع غيره من النصوص، لتكون بذلك بنية خطابية. وبذلك تعد بنية النص بنية دلالية صغرى (Text)، تحدث عند نظم العناصر اللغوية والنحوية نظما متناسقا، وبنية دلالية كبرى(discourse) ، تحدث عندما ترتبط جمل النص بجمل كبرى فتصبح لها بنية دلالية تعرف بالبنى الدلالية الكبرى[4].

---

[1] روبرت دي بوجراند، النص والخطاب والإجراء، ص 92.

[2] انظر المرجع السابق، ص 72.

[3] كمال عبد اللطيف ونصر محمد عارف، إشكاليات الخطاب العربي المعاصر، ط 1، دار الفكر المعاصر، بيروت، لبنان، 2001، ص66.

[4] توفيق قريرة، التعامل بين بنية الخطاب وبنية النص ، ص 182 - 184.

ويصف عيسى برهومة النص بالخطابي إن امتلك قصدا يصل به إلى المتلقي، فقال: " كل نص يمتلك دلالة ومغزى بداخله، ليوصل إلى المتلقي ما يريده، كما يحتوي كل نص مهما كان شكله على جدلية (الظاهر والباطن)، و(الدلالة والمغزى)، ولا بد من وجودها داخل النص الخطابي فهي جدلية ثنائية"[1]. فالنص مؤلف من متتاليات لفظية، تشكل جملا مترابطة، تؤدي إلى تماسك ما، هذا التماسك هو عينه النص، أما الخطاب فيتمثل في قصد هذا التماسك، وتحققه في المتلقي، بما ينطوي عليه من ثنائيات ظاهرة وباطنة .

أما الباحث فيميل إلى أن الخطاب أعم من النص وأشمل؛ لأنه يرى أن النص بنية تقوم على مجموعة من العلاقات اللغوية، هدفها إبراز المعنى وتأديته، دون الحاجة إلى أن يكون موجها نحو متلق، أو أن يكون له قصد ما، فالجمل تترابط لتصنع نصا، والنصوص في مجموعها تشكل خطابا، إن تآلفت في نظام متتابع منسق، فالكلمة تدخل في قوالب لغوية أكبر هي الجملة، والجملة تشترك مع جمل أخرى مكونة نصا، والنصوص تتعالق فيما بينها، وتتداخل في نسق منسجم لتشكل الخطاب.

---

[1] عيسى برهومة، صراع القيم الحضارية (ما بعد 11 سبتمبر 2001)، مركز دراسات الشرق الأوسط، الأردن، 2006، ص 28-29.
- أما للنظر في الرأي الثالث، النص أعم وأشمل من الخطاب، ارجع إلى سعيد يقطين في كتابه "تحليل الخطاب الروائي، الزمن، التبئير، ..." إذ يرى الخطاب مرتبط بالجانب النحوي في حين أن النص مرتبط بالجانب الدلالي.

والغاية من بيان حدود النص وحدود الخطاب، هو الكشف عن حقيقة التداخل بين مدلول المصطلحين، وما يسببه من لبس في التصورات النظرية، وكذلك التطبيقية عند التحليل، فتحليل النص يعتمد على آليات وتقنيات مثل المعجم اللغوي للنص، وأصوات النص، وكلماته وصيغته، ودلالاته وتراكيبه، أما تحليل الخطاب فيعتمد على تقنيات تحليل النص يضاف إليها أطراف حاسمة في إنتاجه، وهي المخاطب والمتلقي، وظروف الخطاب ونوعيته، فلا يعد الخطاب خطابا إلا بما يحيط به من سياق، وقصدية لتحقيق التواصل، لذا ينظر بعين الاهتمام إلى الخطاب في أغراضه، ومقاصده وقواعده في إطار دلالي يتسع لمختلف أبعاد السلوك اللغوي.

تحليل الخطاب السياسي الإعلامي.

لعل من أبرز ما انتهى إليه النقد في العصر الحديث، ولاسيما ما بعد البنيوي هو النظرة إلى أن القارىء لم يعد مستهلكا كسولا للخطاب، بل منتجا فاعلا له؛ إذ يمارس على الخطاب عمليات إعادة بناء عبر سلسلة محاولات، تسعى إلى إنتاج وجهة النظر السياسية التي يمكن أن يتحملها الخطاب، بوساطة الأدوات المعرفية التي يمتلكها القارئ، ويكمن في هذا جوهر عملية تحليل الخطاب.

والتحليل في صورته المجردة هو تفكيك؛ أي تفكيك الخطاب إلى مكونات جزئية، تنتج معرفة بنياته الداخلية، والخارجية، وبنية التفاعل فيما بينهما، إلا أن إطار" تحليل الخطاب لا يكتفي بالمناهج والأساليب الخاصة بالتحليل والتفكيك، ومعرفة الجذور والعلاقات اللغوية للاستدلال على المعنى، ولكن يعمل على تحليل الاستشهادات والأدلة والبراهين التي يعتمد عليها المتحدث أو المحاور في الإثبات ضمن إطار النص ومدى التمسك بها "[1].

لذا يعتمد الباحث في الدراسات الإعلامية على تفكيك النص إلى وحدات لغوية، سواء في إطار تحليل الدلالة أم في غيرها، وإعادة تركيبها مرة أخرى، في إطار العلاقات التي تشير إليها المعاني، لذا فتحليل الخطاب وصف صريح،

---

[1] محمد عبد الحميد، البحث العلمي في الدراسات الإعلامية، القاهرة، عالم الكتاب، 2000م، ص 302.

ومنظم للوحدات اللغوية، ويتم ذلك من خلال بعدين هما: "النص والسياق"[1]، فالنص يتمثل بدراسة بنية الخطاب الداخلية وحدها، بوصفه يعتمد المفردات الواقعية، فينظر إلى اللغة في مستوياتها الصوتية، والصرفية، والتركيبية، والدلالية. أما السياق فيتمثل بدراسة سياقين: أحدهما لغوي يرتبط ببنية النص الداخلية، والآخر سياق غير لغوي يعنى بالخطاب في ضوء الظروف الخارجية التي تشكله، ومنها: الموقف، والزمان والمكان، والمشاركون في الحدث، وموضوع الخطاب، والمقصد منه، والأثر الثقافي والاجتماعي والسياسي.

والتحليل هو: معالجة للكلمات، والجمل وأشباه الجمل داخل الخطاب، بوصفها أدلة على محاولة من مرسل الخطاب لإيصال رسالته إلى متلق معين، ومناقشته الكيفية التي يمكن لمتلق أن يفهم الرسالة التي يقصدها في مناسبة معينة، وآلية تأثير شروط متلق ما في ظروف محددة في تنظيم الباث لخطابه[2]، ولتحقيق مقاصد الخطاب، يولي التحليل عنايته لفحص العلاقة بين المتكلم والخطاب في مقام استعمالي خاص بدرجة أكبر من تتبع العلاقة بين جملة وأخرى[3]، وبذلك يرنو التحليل السياسي الإعلامي إلى معرفة الغرض من وجود عنصر ما في المادة اللغوية داخل بنية الخطاب، مع عدم إغفال السياق، وعلاقته بالمضمون، فبغية التحليل معرفة ما يجول في عقل مرسل الخطاب في أثناء استخدامه للغة بوصفها

---

[1] انظر محمود عكاشة، لغة الخطاب السياسي، ص 15- 16.

[2] انظر (ج. ب. براون) ،و(ج . يول)، تحليل الخطاب، ترجمة: محمد لطفي الزليطي، مساعد: منير التريكي، جامعة الملك سعود، الرياض، 1997م، ص 30.

[3] انظر براون، تحليل الخطاب، ص 33 – 36.

وسيلة للتواصل، وبثها عبر وسائط إعلامية.

يكتسب تحليل الخطاب الإعلامي أهميته، من خلال علاقته المتشعبة بالمجتمع، فهو لا يصف الواقع وخاصة السياسي، أو علاقات القوة والهيمنة في المجتمع فحسب؛ بل يسهم في بناء تلك العلاقات عبر عمليات إدراك الواقع، وتحديد الهويات الاجتماعية، وتكوين الخطابات، واختيار المفردات، كما يؤدي الخطاب الإعلامي دورا مؤثرا في بناء العلاقات الاجتماعية، والسياسية، فهو في حقيقته عملية مستمرة تتفاعل فيها، وعبرها قوى ومتغيرات محلية ودولية تعكس أوضاع المجتمع وثقافته.

عناصر الخطاب السياسي الإعلامي

تبين سابقا أن الخطاب عملية دينامية إنتاجية تفاعلية تحتاج إلى استخدام طرائق مجالات اللغة جميعها: الاجتماعية والنفسية والفلسفية والإحصائية، وتقوم على أطراف متعددة عبر طرق التفاعل؛ لتحديد الأدوار من مرسل، ومتلق، وما بينهما من علاقة، وسياق خطابهما، وما يحاط به من ظروف، والحدث، والمضمون، والمقصد، وهذه الأطراف جميعها تعد عناصر للخطاب، لكن لا بد من تفريق هذه العناصر عن عناصر الاتصال، رغم التداخل فيما بينها.

قد اعتمد ياكبسون (Jakobson) في تحديد قدرة اللغة على تحقيق مقاصدها ووظائفها على العناصرالمكونة لعملية الاتصال، فحصر مكوناتها في عناصر ستة: **المخاطب** مصدر الرسالة، والقائم بالاتصال، **والمرسل إليه** متلقي الرسالة القائم بفك رموزها، **والمرجع** المحتوى والمضمون الذي تشير إليه الرسالة (السياق)، **والقناة** الوسيلة التي تنقل بها الرسالة من المرسل إلى المرسل إليه، **والسنن** النظم المشترك في اللغة بين الطرفين، ومجموع العلامات التي تتشكل منها

الرسالة، **والرسالة** وهي المرسلة التي يراد إيصالها إلى المرسل إليه[1]. وقد اعتمدت عليها اللغة في طابعها الأدائي انطلاقا من الأسس الثلاثة للوضعية اللسانية، وهي : المرسل، والمرسل إليه، وموضوعات الخطاب[2]. وتتمثل عناصر الخطاب فيما يلي:

أ- المخاطب (المرسل):

وهو الطرف الأول للخطاب الذي يحدثه، ويعمل على شحنه بما يحتاجه من تشكلات لغوية؛ ليتجه به نحو الطرف الثاني (المتلقي)؛ لإحداث قصد الإفهام، أو التأثير فيه؛ لإكمال دائرة العملية الاتصالية التخاطبية. وتتجلى شخصيته، وفكره في الخطاب[3]، باعتماده استراتيجياتخطابية تبدأ من لحظة التفكير الذهني بالسياق، مرورا باختيار علامات لغوية ملائمة تضمن المنفعة الذاتية، فينقل أفكاره إلى المتلقي[4]، ويكيف صيغ لغته حسب الأصول والمقامات

[1] انظر ميشال زكريا، الألسنية، "رومان جاكبسون، التواصل اللغوي ووظائف اللغة"، قراءات تمهيدية، المؤسسة الجامعية للدراسات والنشر، بيروت، ط 2، 1985 م ، ص 85-91.

[2] انظر إلمارهو لنشتاين، رومان جاكبسون أو البنيوية الظاهراتية، ترجمة:عبد الجليل الأزدي، الناشر: تانسفيت ، مطبعة النجاح الجديد ، الدار البيضاء ، المغرب ، 1999 م ، ص 119.

[3] انظر محمود عكاشة، لغة الخطاب السياسي، ص 20.

[4] انظر عبد الهادي بن ظاهر الشهري، استراتيجيات الخطاب: مقاربة لغوية تداولية، ط 1، الكتاب الجديد المتحدة، بنغازي، ليبيا، 2003، ص 45.

التي تقتضيها، ما يدفعه إلى تنويع مقاصده وأهدافه في أطر معينة، فيوظف المخاطب اللغة في مستوياتها المتمايزة في سياق معين، حتى يجعل خطابه موائما لإحداث تأثير في المتلقي، عبر إقناعه، وهذا الإقناع يكمن في قدرة المخاطب على إحداث تغيير معرفي، أو سلوكي لدى المتلقي. وهذا ما تسعى إليه الوظيفة التعبيرية التي يقوم بها المخاطب، ضمن العملية التواصلية التخاطبية.

وهذا التغير المعرفي أو السلوكي، لا يتأتى إلا من خلال توظيف المخاطب اللغة في مستوياتها المتمايزة، وتفعيلها في نسيج خطابي، وهذا التفعيل ينوع بدوره طاقات اللغة الكامنة، فالجملة لا تكون إلا إذا قالها المتكلم[1]، إذ تعد إنجازا فعليا في الخطاب، يرتكز على أهمية المخاطب في تحديد هدفه، وهذه الأهلية هي المحك الحقيقي لإنجاز بعض الشروط، مثل إرادة المخاطب؛ أي حصول الإدارة للتلفظ بالخطاب، وموقع المخاطب بوصفه مديرا، أي صاحب صلاحيات[2].

وتعتمد أهلية المخاطب في إنجازه الفعلي للخطاب على اختياره ما يتناسب مع مكانته، ومكانة المتلقي، فيأتي خطابه صريحا واضحا، تظهر فيه السلطة، إن كان المخاطب صاحب سلطة ونفوذ، وكانت العلاقة بينه وبين المتلقي رسمية، في حين يأتي الخطاب بعيدا عن الدلالة المباشرة، إن كانت العلاقة حميمة بين الطرفين[3]، لذلك تتحدد لغة الخطاب من خلال العلاقة القائمة بين المخاطب

---

[1] انظر محمد صلاح الدين الشريف، تقديم عام للاتجاه البراغماتي، المعهد القومي لعلوم التربية، تونس، 1986م، ص 100- 101.

[2] انظر عبد الهادي الشهري، استراتيجيات الخطاب، ص 46-47.

[3] انظر المرجع السابق، ص 49، وانظر محمود عكاشة، لغة الخطاب السياسي ص 25.

والمتلقي ليحقق هدفه بما يتواءم وأيديولوجيته وسياسته[1]، والعلاقة بين المخاطب والمتلقي تتأثر تأثيرا بالغا بمدى الثقافة الحضارية لكل منهمم[2].

وإن أدرك المخاطب طبيعة العلاقة بينه وبين متلقيه، امتلك سلطة (أي قوة تأثيرية) في خطابه، تتيح له فرض تأويلات معينة على خطاب المرسل إليه، وقد يصر المرسل على أن تأويلاته هي القصد الوحيد من الخطاب[3]. وهذه السلطة لا يتأتى تحقيقها إلا من خلال التوظيف الذكي للغة في مستوياتها حتى يتم خدمة مقصده، لذا فالخطاب فعل إنجازي قائم على سلسلة تفاعلات بين طرفي الخطاب، يتم فيها توظيف استراتيجيات خطابية معينة من قبل المخاطب؛ ليبلغ لغته مستوى تتجاوز فيه دلالة المقول الحرفية.

---

[1] هذه العلاقة بين طرفي الخطاب تعد أحد المعايير التي تحدد طبيعة الاستراتيجية التي يتبعها المخاطب في إقناع المتلقي بمضمون خطابه، وسيأتي ذكرها في معرض الحديث عن استراتيجيات الخطاب.

[2] انظر محمود عكاشة، لغة الخطاب السياسي، ص 26.

[3] انظر جعفر عبابنة، التحديات الداخلية التي تواجه اللغة العربية في العصر الحديث، ندوة اللغة العربية ووسائل الإعلام، ط 1، عمان، جامعة البتراء، 2000م، ص 99.

الاستراتيجيات الخطابية

يعتمد المتكلم لإرسال رسالته على استراتيجيات[1] هي عمليات عقلية فكرية، يؤديها صاحب الغاية لبلوغ مراده، وهي"المسلك المناسب الذي يتخذه المرسل للتلفظ بخطابه؛ لتنفيذ إرادته، والتعبير عن مقاصده التي تؤدي لتحقيق أهدافه، من خلال استعمال العلامات اللغوية، وغير اللغوية، وفقا لما يقتضيه سياق التلفظ بعناصره المتنوعة، ويستحسنه المرسل"[2]. وأعطى النقاد لهذه الظاهرة

[1] الاستراتيجيات في عمومها طرائق محددة لتناول مشكلة ما، أو القيام بمهمة من المهام، أو هي مجموعة عمليات تستهدف بلوغ غايات معينة، أوهي تدابير مرسومة من أجل ضبط معلومات محددة والتحكم بها، انظر عبد الرحمن العدوان وراشد الدويش، (استراتيجيات تعلم اللغة العربية بوصفها لغة ثابتة)، مجلة أم القرى، اللغة العربية وآدابها، السنة العاشرة، العدد السادس عشر، 1997م، ص 324. ونظر فوكو إلى الاستراتيجيات على أنها معان متعددة ليتناسب كل معنى منها في سياق معين، إذ يحدد معانيها بقوله: "تستعمل كلمة استراتيجية عادة بثلاثة معان، هي: أ- التدليل على اختيار الوسائل المستخدمة للوصول إلى غاية معينة ب- التدليل على الطريقة التي يتصرف بها الآخرون للتأثير من خلالها في غيرهم . جـ التدليل على مجمل الأساليب المستخدمة في مجابهة انظر أوبير دريفوس، وبول رابينوف، ميشيل فوكو مسيرة فلسفية، ترجمة: جورج أبي صالح، مراجعة وشروحات: مطاع صفدي، مركز الإنماء القومي، بيروت، ص 200.

[2] عبد الهادي الشهري، استراتيجيات الخطاب، ص 62.

مصطلح (الاحتيال)؛ لأهميته، وعدوه سلاح المخاطب في مواجهة المتلقي، للوصول بسياسته إلى مبتغاه، فمصدر التأثير الذي يحدثه الكلام في السامع إنما هو (الحيلة)[1].

والاستراتيجيات الخطابية في جوهرها سلسلة من المسالك اللغوية التي يلجأ إليها المخاطب في أثناء صياغة خطابه، إذ تشمل مستويات اللغة جميعها الدلالية، واللغوية، والمعجمية، والنحوية، والصرفية، والصوتية، ولعل ذلك يتجلى في الإعلام أكثر من سواه، فالمحرر الإعلامي يميز بين مستوى التبليغ المتمثل في إيصال المعنى للمخاطب، ومستوى البلاغة الذي يحمل وظيفة التأثير في المتلقي، فيوظف المحرر فيه الاحتمالات اللغوية والنحوية جميعها، مثل: التقديم والتأخير، والذكر والحذف، لإبراز المعنى في صور شتى متفاوتة. وعلى ذلك فالاستراتيجيات أشبه ما تكون بطرائق[2] يتبعها المخاطب، وتكون حاضرة في

[1] شكري المبخوت، (جمالية الألفة)، النص ومتقبله في التراث النقدي، بيت الحكمة، قرطاج، ط 1، 1933م ص 21.

[2] هذه الطرائق تحددها مراحل ثلاث يمر بها الخطاب لتنتج عنها الاستراتيجية المتبعة، وهي:

أ) إدراك السياق الذي يجري فيه التواصل بكل أبعاده المؤثرة، وتعد هذه المرحلة ذهنية لإعمال الفكر في ترتيب المعاني في النفس ووضعها في قالب معرفي إدراكي.

ب) تحديد العلاقة بين السياق والعلامة اللغوية المستعملة، فاختيار لغة الخطاب محكوم بإمكانات المقال، ومقتضيات المقام مثل: مصدر الخطاب ومقصده وموضوعه ... وغير ذلك. =

ذهنه، ليصل إلى مبتغاه، إلا أن هذه الاستراتيجيات تقوم على معايير يأخذها المخاطب بعين الاهتمام، وهي:

1- معيار اجتماعي (العلاقة التخاطبية).

2- معيار هدف الخطاب.

3- معيار لغوي (شكل الخطاب من حيث دلالته على قصد المرسل).

أما عن أول المعايير **المعيار الاجتماعي**، والعلاقة بين طرفي الخطاب، فإن شكل الخطاب يتأثر بنوع العلاقة بينهما، كما يتأثر سياق الخطاب بما يعرفه المخاطب عن المتلقي، وما يعرفه المتخاطبان عن المقام، وعما يرومانه بالقول أو السماع، لذا تتفرع عن هذا المعيار استراتيجيتان هما: **الاستراتيجية التضامنية**، إذ يستخدمها المخاطب عندما يريد إنشاء علاقة حميمة بينه وبين المتلقي، فيحاول إلغاء الحواجز، والفوارق فيما بينهما، فيبتعد المخاطب عن الدلالة المباشرة. **والاستراتيجية التوجيهية**، وفيها تظهر سلطة المخاطب، حيث يكون خطابه أكثر وضوحا ومباشرة؛ لأن العلاقة بن الطرفين تكون رسمية كون المخاطب صاحب سلطة[1].

= ج) التلفظ بالخطاب، وتفعيل اللغة في مستوياتها المتمايزة، ومن خلالها تم وضع المعايير التي يعتمدها المخاطب لاختيار استراتيجياته.
انظر عبد الهادي الشهري، استراتيجيات الخطاب، ص 63-68.وانظر سعد مصلوح، في النص الأدبي، دراسة أسلوبية إحصائية، النادي الأدبي الثقافي بجدة، ط 1، 1991م، ص1
[2] انظر عبد الهادي الشهري، استراتيجيات الخطاب، ص 87، ص 236.

وثاني هذه المعايير هو **معيار هدف الخطاب**، إذ تتراوح أهداف الخطاب من مجرد ملء أوقات الفراغ بن أطراف الخطاب إلى السيطرة على ذهن المتلقي، من خلال تغيير العالم الحقيقي للمتلقين، ويتمثل ذلك في قصد الخطاب؛ أي حصول الإرادة بالتلفظ لدى المخاطب، وهدف الخطاب، وهو ما يسعى إلى تحقيقه بأفعال لغوية يجسدها المخاطب في خطابه، فهذا الهدف له مستويان: أولهما مستوى نفعي يقع خارج الخطاب، وهو الغاية الفعلية للمخاطب (أي إحداث تغيير في سلوك المتلقي)، وثانيهما مستوى كلي يتجسد في الفعل اللغوي الذي يمارسه المخاطب من خلال عملية التلفظ، بغض النظر إن حقق المنفعة أم لا[1]. وينبثق عن هذا المعيار **استراتيجية الإقناع**[2]، التي تحث المتلقي على إدراك مضمون الخطاب وقصده.

وثالث هذه المعايير فهو **المعيار اللغوي** (شكل الخطاب)، والمقصود به الشكل اللغوي وعلاقته بالمعنى (قصد المخاطب)، ويفصل عبد القاهر الجرجاني القول في ذلك بأن : "الكلام على ضربين: ضرب أنت تصل منه إلى الغرض بدلالة اللفظ وحده...، وضرب آخر أنت لا تصل منه إلى الغرض بدلالة اللفظ وحده، ولكن يدلك اللفظ على معناه الذي يقتضيه موضوعه في اللغة، ثم تجد لذلك المعنى دلالة ثانية تصل بها إلى الغرض...، ثم يعقل السامع من ذلك المعنى على سبيل الاستدلال معنى ثانيا هو غرضك"[3]. وهذا المعيار انبجست

---

(1) انظر عبد الهادي الشهري، استراتيجيات الخطاب ، ص 150-152.

(2) انظر المرجع السابق ، ص 326.

(3) عبد القاهر الجرجاني، دلائل الإعجاز، تحقيق محمد شاكر، مكتبة الخانجي، القاهرة، 1984م، ص 264-265.

منه **الاستراتيجية التلميحية**[4]، التي يلجأ إليها المخاطب في ضوء ظروف معينة تتعلق بسياق الخطاب والمتلقي، وغالبا ما يكون المتلقي على علم بمبتغى المخاطب، حتى وإن جاء تلميحا لا تصريحا. إلا أن هذه الاستراتيجيات تتنوع حسب ما يراه المخاطب مناسبا لخطابه، فقد يستخدم منها واحدة، أو أكثر تبعا لما يخدم أهداف خطابه ومقاصده.

ويهدف المحرر الإعلامي صاحب الخطاب السياسي الإعلامي إلى مخاطبة العامة والخاصة، بغرض الإفهام والإقناع، والتوعية، والإعلام، مما يدفعه إلى انتقاء لغته بحرص، وتبسيط أسلوبه، وتطويع استراتيجياته الخطابية، لذا يرى الباحث أن الخطاب السياسي الإعلامي الذي تم الاصطلاح عليه سابقا، يحتاج إلى محرر صاحب أيديولوجيا فكرية معينة، يطوع اللغة لتقدم وجهة نظره الخاصة عن العالم بمنظور أيديولوجيته التي غالبا ما تنزع إلى دلالة سياسية في المقام الأول.

لذا يشير فوكو إلى خطورة الفاعل الخطابي(المخاطب) في محاولته طمس حقيقة انتماء خطابه السياسي في وسائل الإعلام، ومراميه الحقيقية عن الآخرين، وتقديم نفسه مزيلا للتناقض ما بين السلطة والجمهور[1]، لذا يسعى الفاعل الخطابي إلى أن تكون لغته ليست مجرد بناء، إنما محددة لأسس سلوك الجماهير، وموقفها من العالم، حتى يخفف من وطأة السلطة عليه، فلا يظهر خطابه، وكأنه موجه إلى الجماهير، ولا يضمن ردة فعل الآخرين من غضب أو سخرية أو سوى ذلك[2].

[4] انظر عبد الهادي الشهري، استراتيجيات الخطاب، ص 236.
[1] نظر ميشيل فوكو، حفريات المعرفة، ص 21.
[2] انظر المرجع السابق، ص 116. وانظر محمود عكاشة، لغة الخطاب السياسي، ص 26.

ب- المتلقي (المرسل إليه)

هو طرف الخطاب الثاني، والمقصود به، وإليه تتوجه لغة الخطاب السياسي الإعلامي التي تعبر عن مقاصد المخاطب، لذا تتحقق الوظيفة الإفهامية من خلال إفهامه ما يرومه المخاطب من أيديولوجية سياسية، ولكي يتم ذلك "يراعى في المتلقي منزلته الاجتماعية، وثقافته، ومعتقداته، ومستواه، وعلاقة المخاطب به"[1]. ويكون المتلقي حاضرا في ذهن المخاطب عند إنتاج الخطاب، سواء أكان حضورا عينيا، أم استحضارا في الذهن، ما يسهم في حركية الخطاب، وبهذا يتجلى دور المتلقي من حيث كيفية تأثير شروط معينة له في ظروف معينة إلى تنظيم خطاب المخاطب[2].

لذا يأخذ المخاطب بالحسبان دور المتلقي، في كشف مقاصد خطابه السياسي ودلالاته المبثوثة فيه، من خلال ما لدى المتلقي من معرفة، وخبرة سابقة في حياته، فينظم المتلقي في فكره وتصوره مضمون الخطاب، ثم يفهم الكلام بسبب نشاطه الذاتي، ويتملك معانيه، ويسترشد دلالاته عبر الأدوات اللغوية المشتركة بينهما، "فالقارئ عندما يسهم في وجهة نظر معينة في الخطاب، يستعمل هو الآخر أدوات من عنده، هي في جملتها وجهة نظر، أو جزء منها، أو عناصر صالحة لتكوينها، ومن هنا تظهر اختلاف القراءات وتعدد مستوياتها"[3]. ويساعد القارئ على سبر أغوار الخطاب، ما يمتلكه من آليات لغوية، فالقارئ المتمرس يدرك دقائق الكلام، ولوازم المعاني حسب ما يراه، لذلك قد" يفهم

---

[1] محمود عكاشة، لغة الخطاب السياسي، ص 26.
[2] انظر (ج. ب. براون) و(ج. يول)، تحليل الخطاب، ص 30.
[3] محمد عابد الجابري، الخطاب العربي المعاصر، ص 9.

الخطاب على أكثر من نحو، فمعانيه تتعدد، لا لأن اللغة تتحمل في ذاتها ضرورة ذلك التعدد، وإنما لأن خطة القراءة التي توخاها المتأمل، والأدوات التي سخرها هي الكامنة وراء إنتاج قراءة تتعدد في صلبها المعاني، ومن ثم مسالك الفهم"[1].

لا بد من الإشارة إلى ضرورة القراءة الكلية الجامعة للجزئيات في إطار الكليات، فإن فرق النظر في أجزائه فلا يتوصل به إلى مراده، ولا يصح الاقتصار في النظر على بعض أجزاء الكلام دون بعض"[2]. وإذا نظر المتلقي إلى الخطاب نظرة فاحصة جامعة، فقد يرصد دلالات لم يلتفت إليها محدث الخطاب، أو يقصدها. كما أن القراءة تتعدد، فإن المتلقين للخطاب السياسي الإعلامي يتعددون، فقد يكونون أفرادا، أو جماعات، أو جمهورا، أو شعبا، وتزداد صعوبة مهمة المخاطب في خطابه السياسي الإعلامي كلما زاد جمهور المتلقين؛ لأنه حينئذ يطالب بإقناع مستويات ثقافية متعددة، ومشارب حضارية متمايزة في الجمهور الواحد، ضمن ظروف سياقية محيطة .

[1] أحمد الودرني، أصول النظرية النقدية من خلال قضية اللفظ والمعنى في خطاب التفسير، نموذج الطبري، دار الكتاب الجديد المتحدة، بنغازي، ج1، 2006م ، ص 261.
[2] الإمام الشاطبي، أبو اسحق إبراهيم بن موسى بن محمد، ت 790هـ الموافقات، تحقيق الشيخ عبد الله دراز، ط 1، دار المعرفة، بيروت، 1994م، ج 3، ص 413-415.

ج- السياق[1]

لما اتضحت طبيعة العلاقة بين المخاطب بدوره التبليغي، والمتلقي بدوره فهم ما يبلغه إياه الأول، وهذا لا يعني أن معرفة المقصد والغرض أمر هين، إذ يتحتم على المتلقي الوعي اليقظ لجوهر المعنى عبر إدراك سياق الكلام، وهذه العلاقة بينهما لا تنشأ اعتباطا، إنما بحسب ما يقتضيه المقام وأحوال الخطاب، وظروفه المختلفة المحيطة بإحداثه، وإنتاجه، وإرساله، واستقباله، وما يتطلب ذلك من خصائص لغوية وغير لغوية، يكيف المخاطب صيغ لغته حسب تلك الأصول والمقامات التي يقتضيها الخطاب، وهذا يدل على دراية المخاطب بأهميتها، فهو يدرك دور السياق الذي يجري فيه التواصل بكل أبعاده، إذ يعمل المخاطب ذهنه في طبيعة رد فعل المتلقي، وما ينتج عن ذلك من تساؤلات أو سلوكيات.

السياق "مجموعة من الظروف التي تحف حدوث فعل التلفظ بموقف الكلام"[1]؛ أي أنه تلك الأجزاء في الخطاب التي تحيط بالكلمة، وتساعد في

---

[1] تعددت المعاني اللغوية للسياق في المعجم العربي، ومنها ساق المريض: أي شرع في نزع الروح، فالسياق الاحتضار، وساقت الريح التراب والسحاب أي رفعته وطيرته، وساق الحديث: سرده وسلسله، والسياق المهر، فيقال: ساق المهر إلى المرأة حمله إليها، وسياق الكلام: تتابعه وأسلوبه الذي يجري فيه.انظر الخليل بن أحمد الفراهيدي، ت 175هـ معجم العين، تحقيق مهدي المخزومي وإبراهيم السامرائي، مؤسسة العلمي للمطبوعات، 1988م، مجلد4، مادة (سوق). وانظر الفيروزابادي، القاموس المحيط، مادة (سوق)، وانظر ابن منظور، لسان العرب، مادة سوق.

الكشف عن معناها، وبذلك فهو الدلالة على الممارسة المتصلة بالفعل اللغوي، الذي يتجاوز مجرد التلفظ بالخطاب الإعلامي، بدءا من لحظة إكمال الذهن السياسي للتفكير في إنتاجه، بما يضمن تحقيق التفاعل الخطابي[2].

تظهر أهمية السياق في فهم المتلقي للمقصد بدقة؛ لذلك "لم يستغن المتكلمون والسامعون عن أن تحف بالكلام ملامح السياق، ومقام الخطاب، ومبينات من البساط، لتتضافر على إزالة احتمالات كانت تعرض للسامع في مراد المتكلم من كلامه"[3]، فالسياق في ذاته قرائن تضبط حركة الكلمات لدى المتكلم، كما تضبط حركة المعنى في فهم المتلقي، وبذلك تتحقق من خلال السياق الوظيفة المرجعية للمتلقي، عبر ما يحمله من دلالات لغوية، وغير لغوية، وثقافية، وأيديولوجية، ونفسية، واجتماعية.

السياق صنيعة لغوية يبدعها المخاطب، من أجل ما يقول، وليس فيما يقول[4]، بل هذه نظرية تمثل المعرفة لدى المتكلمين عن الحياة[1]، وعليه يمكن أن

= [1] عبد الهادي الشهري، استراتيجيات الخطاب، ص 39، نقلا عن (تزيفتان تودوروف) و(أوسلاد دكروت)، قاموس موسوعة العلوم اللغوية، ص 333.

[2] انظر عبد الهادي الشهري، استراتيجيات الخطاب، ص 40-41.

[3] الطاهر بن عاشور، مقاصد الشريعة الإسلامية، تحقيق ومراجعة: الشيخ محمد الحبيب بن الخوجة، ط 1، 2004، ص 80.

[4] انظر منذر عياشي، الكتابة الثانية وفاتحة المتعة، ط 1، المركز العربي الثقافي، الدار البيضاء،المغرب، 1998م، ص 49.

يعد السياق بيئة تتم فيها عملية التواصل التخاطبية، وسيلتها اللغة بما تتضمنه من دلالات ومعان، لكن دون عزلها عن شخصية المجتمع وما يميزه من عقائد واتجاهات وتقاليد ثقافية وأيديولوجية.

لا يمكن غض الطرف عن دور السياق في وصول المقصود إلى نفس المتلقي، وإذا ما تم انتزاع الخطاب من ظرفيته ومقامه، أدى إلى هدر معناه، وتحميله دلالات بعيدة، " فمعرفة مقاصد كلام العرب إنما مداره على معرفة (مقتضيات الأحوال) التي هي ملاك البيان، وحال الخطاب من جهة نفس الخطاب، أو المخاطب أو المخاطب أو الجميع؛ إذ الكلام الواحد يختلف فهمه بحسب حالين، وبحسب مخاطبين وبحسب غير ذلك، ... فإذا فات نقل بعض القرائن الدالة، فات فهم الكلام جملة، أو فهم شيء منه"[2].

يبرز السياق المعنى من خلال النظر إلى البيئة التي تم فيها التواصل اللغوي، لذا فهو جملة عناصر مكونة لموقف كلامي منها[3]: شخصية المتكلم والسامع وما لهما من تكون ثقافي، والعوامل والظواهر الاجتماعية ذات العلاقة باللغة أو السلوك اللغوي، وما يطرأ في أثناء الكلام من انفعال، أو ضرب من ضروب

---

[1] = انظر (ف. ر. بالمر)، علم الدلالة (إطار جديد)، ترجمة: صبري إبراهيم السيد، دار المعرفة الجديد، لبنان، 1999م، ص 72.

[2] الإمام الشاطبي، الموافقات، ج3، ص 347.

[3] انظر محمود السعران، علم اللغة (مقدمة للقارئ العربي) دار المعرفة المصرية، مصر، 1962م، ص 339.

الاستجابة، إضافة إلى أثر النص الكلامي في المشتركين، كالإقناع أو الألم أو الإغراء، أو الضحك أو البكاء، أو سوى ذلك .

وخلاصة القول في السياق أنه يمثل جوا خارجيا يلف حيثيات إنتاج الخطاب، يشمل جانبين هما جانب لغوي تتوظف فيه مستويات اللغة كافة، وجانب غير لغوي تتمثل فيه الظروف المحيطة من عوامل سياسية واجتماعية واقتصادية وثقافية، تؤثر جليا في عملية التواصل الخطابي، عبر وسائل الإعلام، وتبادل المقاصد، وتتحدد عناصر الجو الخارجي بطرفي الخطاب، وما يربط بينهما من علاقة ومعرفة مشتركتين.

د- الرسالة

وهي ما يوجهها المخاطب نحو المتلقي، و تعد ركنا أساسيا تمكن من التنبؤ بإمكانية التغيير أو التأثير، وتفصح عن أفكار ومفاهيم يروم محدث الخطاب إيصالها لمتلقيه، عبر علاقات رمزية ظاهرة في اللغة، مثل التكرار، والإيجاز، والإطناب، والتأكيد، والكيفية التي تظهر فيها الفكرة، إلى غير ذلك من العلاقات الرمزية، وبذلك تبدو الرسالة في مضمونها متتالية من العلاقات الرمزية المنقولة بين المخاطب والمتلقي عبر وسيلة معينة، كالصحف مثلا التي نحن بصددها.

وتشكل الرسالة بعدا ماديا محسوسا من الأفكار، ويختلف هذا البعد باختلاف المضمون فالشكل، إذ هو الجوهر المادي الذي يحدد رسم الخطاب ومنهجه، وبذلك يحدد مقصده الأيديولوجي، أو السياسي، أو الإعلامي، أو سوى ذلك. فإذا تحدد مقصد الخطاب، تحددت الرسالة في مضمونها وشكلها، مما يكسب الخطاب سلطة، ويكسب المخاطب قوة في الوصول إلى مراده.

وهذه العناصر الأربعة مجتمعة تشكل هيكل الخطاب، لذا " يعد حد الخطاب كل منطوق به موجه إلى الآخر، بغرض إفهامه مقصودا مخصوصا"[1]، لتحقيق هدف ما، شفهيا أوكتابة؛ لأن المخاطب لا يكتب خطابا إلا وهو يردده ذهنيا، وينطق به في خلده، وبذلك فالرسالة شكل ومضمون تقوم عليه عملية التواصل؛ لتصل إلى هدف ما، أو تؤثر في المتلقي، أو توجهه نحو مسار ما، من هنا يظهر أن للخطاب سلطة يتم عبرها تحقيق المقاصد.

---

[1] طه عبد الرحمن، اللسان والميزان أو التكوثر العقلي، ط1، المركز العربي الثقافي، الدار البيضاء، المغرب، 1998م، ص 215.

سلطة الخطاب السياسي الإعلامي

يكتسب الخطاب سلطة في التأثير، إن تحدد المقصد، وتحددت الرسالة في بعدها الأيديولوجي، فنظرة سريعة في قول الله تعالى: "وشددنا ملكه، وآتيناه الحكمة وفصل الخطاب"[1]، تبين جليا أن للخطاب سلطة، فالله عز وجل قوى ملك داود بمنحه القوة الروحية (الحكمة)، والقوة المادية؛ السداد في القول، وحسن البيان، فالخطاب كفل السلطة لاستقرار حكم داود في الأرض[2]

وتبدو سلطة الخطاب السياسي الإعلامي في قدرته على تحقيق توجه معين في نفس المتلقي، وقدر من الالتزام بمقصده، وعلى المتلقي الإصغاء للخطاب حتى تتكشف دلالاته، وتتوضح معانيه، فيتبع سلوكا معينا بمقتضاه، لذا فالخطاب السياسي الإعلامي في كنهه سلطة؛ إذ ارتبط بتوجهات سياسة، تمكن فاعله من الحكم في الأرض، فيعتمد اللغة والخطابة في تحقيق مآربه، وإقناع الآخرين بها، وبذلك ترتبط السلطة بالخطاب.

لكن تبقى تساؤلات عن حقيقة هذه السلطة، فهل الخطاب في ذاته سلطة قائمة مثل سلطة اللغة؟ أم أن سلطته مقرونة بمؤسسته الإعلامية، أو بمخاطب ما، أو بقوى سياسية تصدر عنها؟ فيجيب فوكو: أنه "ينبغي أن نتصور الخطاب بوصفه أجزاء، أو مجموعة عناصر خطابية، تستطيع أن تعمل في استراتيجيات

[1] سورة ص، الآية 20.
[2] انظر أبا بكر جابر الجزائري، أيسر التفاسير لكلام العلي القدير، ط 2(منقحة)، دار رسام السعودية، 1987م، مجلد 4، ص8.

مختلفة، فالخطاب ينقل السلطة، وينتجها، ويقويها، ولكنه يلغيها ويفجرها، ويجعلها هزيلة، ويسمح بإلغائها"[1].

يدل ما سبق على وجود ازدواجية العلاقة بين السياسة والخطاب، والخطاب والسلطة، إذ إن الخطاب السياسي الإعلامي يوجه المعنى السياسي إلى المتلقين، وهو ليس أداة في يد السلطة، إنما هو الذي يقع عبره الصراع؛ للاستحواذ على قناعات المتلقين، وبذلك يشكل الخطاب سلطة في ذاته.

فالخطاب سلطة[2]، لها قدرة تعبوية وسلطوية تؤثر في السامعين، لذا يقترن الخطاب بالسلطة[3]، بل تعد السلطة جزءا أصيلا في بنية الخطاب[4]، يستمدها من اللغة، إذ لا يمكن لبعض الأفعال إنجازها من غير اللغة، بوصفها الأداة الرئيسة في التفاعل الخطابي، ولا تأتي هذه السلطة إلا من خلال تفعيل أنظمة اللغة المعجمية، والدلالية، والتركيبية، والصرفية.

ولو نظر ناظر إلى سلطة لغة الخطاب في السياسة والإعلام، لوجد أن "اللغة في السياسة قيمة مقيدة، وفي الإعلام وظيفة متحكمة؛ إذ تجري العادة بأن يهتم

---

[1] ميشيل فوكو، إرادة المعرفة، ص 108-109.
[2] للاستزادة في تعريفات(السلطة)، انظر المختار الفجاري (تأصيل الخطاب في الثقافة العربية)، مجلة الفكر العربي المعاصر، مركز الإنماء القومي، بيروت، العددان (100-101)، 1993م، ص 31.
[3] الزواوي بغورة، مفهوم الخطاب في فلسفة ميشال فوكو، ص 89.
[4] انظر حامد أبو زيد، الخطاب والتأويل، ط1، المركز الثقافي العربي، الدار البيضاء، المغرب، 2000م، ص 5-7.

الناس بالحدث السياسي دون الانتباه إلى الصياغة التي تروي التفاصيل، فهم يطابقون بين الحدث السياسي والخبر السياسي، فينزلون الأول منزلة المدلول، والثاني منزلة الدال"[(1)].

ويظهر جليا أن للغة الخبر السياسي سلطة في الخطاب الإعلامي، تعتمد على طريقة صياغة أنظمة اللغة وحياكتها، فيؤثر الخبر في المتلقين عبر إقناعهم بحقيقة أن الحدث على الصورة التي أظهرتها تلك الحياكة والصياغة، لذا على المتلقي أن يتنبه إلى أن لغة الخبر دالة على ما حدث فعلا، أم أن ما حدث ربما تشوه، ومن هنا تبرز سلطة اللغة وقدرتها، لهذا تصر القوى السياسية إصرارا على تحديد اللفظ المسموح باستعماله، دون غيره من البدائل التي تبيحها دلالات المعجم اللغوي، فالألفاظ والدلالات تتعين بأشياء ثلاثة[(2)]، هي :المعنى العام أي المعنى القاموسي، والمعنى الخاص الذي يضبطه سياق التركيب، بما يتسق من ألفاظ، وربما ينبع منها، والمعنى الظرفي الذي يحدده المقام التداولي، بحكم حيثيات التخاطب والمحاورة.

والأهم ليس أن تقول أو لا تقول؛ وإنما كيف تقول ما تقول"[(3)]، لذا فإن استخدام أي لفظة من المخاطب، خاصة في مجال الخبر السياسي وأحداثه، لا

---

(1) انظر عبد السلام المسدي، لغة الخبر السياسي، جريدة الرياض بعنوان فرعي (السياسة وسلطة اللغة)، الخميس 11 ربيع الآخر 1426هـ 19 ايار 2005م، العدد 13478.

(2) انظر عبد السلام المسدي، (بين سلطة السياسة وسلطة اللغة)، مجلة أفكار الإلكترونية، جامعة منوبة، تونس، afkar@afkaronlioe.org.

(3) عبد السلام المسدي، (السياسة فكر الخطاب)، مجلة جسور الثقافة، عدد 10، السنة الأولى، كانون أول، 2005.

يقوم على اختيار اعتباطي، بل على انتقاء

وجهة معينة من الدلالة، ووصفه بطرائق مختلفة تحمل دلالات متغيرة، تكمن فيها السلطة القارة في الخطاب، وهذا الأمر

يقصي الموضوعية في استعمال المخاطب للغة.

المبحث الثاني

اللغة الإعلامية ودورها وطبيعتها

اللغة الإعلامية :

أضحت لغة الإعلام الأداة الأولى للتثقيف والتعليم، لذا حري بها أن تكون محكمة الصياغة، قوية التأثير، وسريعة الإقناع، تعتمد المنطق والمطارحة الفكرية الذكية، كي تحقق التواصل الفكري، وتعبر عن أهداف فكرية متباينة، تكمن وراء مصالح معينة، وهذه المصالح تتم عبر استخدام مفردات وصيغ إخبارية توجه للجمهور، تكون في ظاهر الأمر تثقيفية، تؤدي إلى الوعي الفكري والعلمي، لكنها تخفي أهدافا تخدم مصالح من يصوغها.

واللغة الإعلامية تعنى بالتراكيب، والألفاظ والصياغات التي تبرز الأفكار وتجلياتها، وتحدث عميق الأثر في نفس المتلقي، فالخطاب الإعلامي بلغته يعالج دعاية وحربا نفسية، وأشكالا مختلفة من الاتصال، ولا يتحقق ذلك إلا من خلال لغة محكمة الصياغة، سريعة الإقناع، لها دلالات قوية التأثير، إذ إن كنه الإعلام رسالة ذات أيديولوجية وأهداف مرسومة"[1].

ويعد اللسان المرتكز في العملية التواصلية، والمعبر عن خفايا النفس الإنسانية، إذ يقابل جسدا يمتلك حركات تجانس تعبيره، فهو لا يعبر عن فكر الإنسان فحسب، إنما هو الأداة التي يتخذ هذا الفكر من خلالها شكلا ومادة، لا

---

[1] انظر حنان إسماعيل عمايرة، التراكيب الإعلامية في اللغة العربية، ص 65-66

تتحول إلى وسيلة للتواصل إلا عندما يجسدها الكلام في خطاب منطوق أو مكتوب، ومن هنا تبرز مكانة الخطاب وخاصة السياسي الإعلامي؛ لأنه: "أداة ذات أهمية في تكوين أفعال الجماعة، وصناعة سلوكات في ممارساتهم الاجتماعية، لكنها تظل في الوقت ذاته عبارة عن مجريات متعددة لاستعمالات متفرقة "[1].

وينظر عبد العزيز شرف إلى اللغة الإعلامية بوصفها نوعا من النثر العاطفي، الذي يستخدم اللغة في التحذير والدعاية، إذ يتعدى مدلولات الألفاظ إلى المدلولات من خلال المعاني، وما تثيره في الذهن من صور وأخيلة، يتأثر بها السامع أو القارئ، فتستنتج منها الأذهان معاني فوق ما تحمله تلك الألفاظ، فتستخدم العبارات العاطفية الغامضة، والرموز الانفعالية المؤثرة في عواطف الناس[2].

وتكمن أهمية الصحافة في أنها وسيلة إعلام جماهيري ذات طابع اجتماعي، إذ تمثل في الغالب فكر النخبة الموجهة للمجتمع؛ لخدمة مصالحها وأيديولوجيتها، " فالصحافة في بدايتها إحدى مظاهر التعبير عن الرأي، ونشاط

---

[1] حسن مصدق، النظرية التواصلية، ط1، المركز العربي الثقافي، الدار البيضاء، المغرب، 2005م، ص 79.
[2] انظر عبد العزيز شرف، علم الإعلام اللغوي، ص 172- 173 .

الفكر في إطار اجتماعي، إذ تقوم بدور المؤثر في الوعي الاجتماعي والسياسي والثقافي والروحي، كونها وسيلة إعلامية واسعة الانتشار"[1]، وهي التي تثقف الجمهور وتسمو به، وتغذيه عقليا وروحيا بعدد لا حصر له من عناصر المعرفة، ولذلك كان لا بد

من تطوير لغة الصحافة، حتى تطابق تطورات الواقع الاجتماعي والسياسي والإنساني، وتخاطب بأداء لغوي يناسب كل المستويات وعيا علميا وفكريا .

" ليست اللغة الإعلامية التي تتداولها الصحافة ووسائل الإعلام لغة خاصة بفئة معينة: بل إنها اللغة التي تمتاز بالشيوع والقبول بين الجماهير"[2]؛ لأن لغتها بنيت على نسق عملي اجتماعي، لذا يعد الخطاب الصحفي " نسقا نصيا يعيد إنتاج وجهات النظر السائدة عن الإنسان، والمجتمع والثقافة، لم لا؟ والخطاب الذي تنتجه وسائط الإعلام الجماهيرية يخضع لمبدأ الهيمنة والتبعية"[3]. لذا فالصحافة تعبير اجتماعي بحت، ولغتها تخضع لمظاهر الثقافة الاجتماعية

[1] علي محمود العائدي، الإعلام العربي أمام التحديات المعاصرة (دراسة استراتيجية) تصدر عن مركز الإمارات للدراسات والبحوث الاستراتيجية، العدد 35، ط1، 1999م، ص 9.

[2] السيد أحمد مصطفى، العلاقة بين اللغة والصحافة، مجلة الثقافة العربية، بنغازي، عدد 27، سنة 17 يوليو 1990م، ص 37.

[3] أحمد العاقد، تحليل الخطاب الصحافي من اللغة إلى السلطة، ط1، دار الثقافة للنشر والتوزيع، الدار البيضاء، المغرب، 2002م، ص105.

والسياسية والاقتصادية، و"هي أداة وظيفية وليست فنا جماليا؛ لأن من أهداف الإعلام التغيير، والتوجيه، والتنشئة الاجتماعية"[1]. فهي تؤدي دورا رئيسا في عملية التنشئة الاجتماعية، وصنع الشرعية للنظام السياسي، فالسياسة في منظور بعض السياسيين (لعبة الكلمات)، فمنهم من يتقلد السلطة لأسباب منها إنهم يتحدثون، ويقنعون، ويحققون ولاء شعبيا، وبذلك فاللغة في السياسة ليست سياسية بألفاظها، بل بمعلوماتها وسياقها ومحيطها[2].

تشهد لغة الصحافة تطورا غاية في الأهمية، إذ تأتي كل يوم بجملة جديدة من الألفاظ والتراكيب، نتيجة انعكاس الأحداث السياسية المتغلغلة في الواقع اليومي للمجتمع العربي، من مثل (إسلامي، معتدل، متطرف، تطبيع، مستوطن، انتحاري، إرهابي، ...) لذا اتفقت المدارس الصحفية على "استعمال أبسط الكلمات وأقربها إلفا إلى عامة الناس، واستخدام الأسلوب التقريري الذي يعفي من كل غموض وإبهام[3]، لذا تجنح لغة الصحافة إلى لغة بين اللغة الأدبية الفصيحة، واللغة المستخدمة في الحياة اليومية، حتى تصل إلى جميع فئات المجتمع؛ لتؤدي المعنى والهدف المتوخى، وحري بالصحفي الذي يتعامل مع لغة الأخبار، أن ينتقي ألفاظ خطابه بدقة، ويتناول لغته بدراية وحكمة حتى يحوز خطابه على اهتمام الجماهير.

---

[1] عبد العزيز شرف، علم الإعلام اللغوي، ص 120.

[2] أحمد راشد، قوة الوصف، مؤتمر علم اللغة الأول، القاهرة، 2002م، ص21.

[3] فاروق خورشيد، بين الأدب والصحافة، الدار المصرية للنشر، القاهرة، 1961م، ص 76 .

فإذا اجتمعت السياسة والإعلام في لغة واحدة، فإنها ستكون لغة رمزية جماهيرية ذات دعاية سياسية، تؤثر في الجماهير لكسب تأييدهم وولائهم، لذا "يلحظ استخدام الألفاظ البراقة في اللغة السياسية مثل(الصدق، والشرف، والحرية،.....) التي من شأنها تثبيت هدف سياسي في ذهن الجمهور"[1]، وهذا من شأنه التأثير في نفسية الجماهير، إذ ينقل المعنى من سياق لآخر، مما يكسبه مصداقية أكثر، ويمكن التمثيل لتوظيف الألفاظ اللغوية لمصلحة الدعاية السياسية، من مثل ما نشره الروائي الإنجليزي جورج أورويل (Oroil) عام 1946م: " في أيامنا هذه تحاول الخطب، والكتابات السياسية عموما الدفاع عما لا يمكن الدفاع عنه، ... فتوجب على اللغة السياسية أن تتآلف إجمالا من تورية (Euphemism) تدعو إلى التساؤل والغموض الغائم، فطرد الملايين من مزارعهم، وإرسالهم هائمين في الطرقات، وليس معهم إلا ما استطاعوا حمله، يسمى في اللغة السياسية نقل السكان، أو تصحيح الأوضاع"[2].

ويحاول هذا الأسلوب في صياغة العبارات السياسية جاهدا عدم التصور الذهني لحقيقة الأمر، وبذلك يثبت في ذهن الجماهير أمرا في سياق أبسط من حقيقة سياقه الواقعي، ومن هنا يمكن للسياسة والإعلام أن يتداخلا في لغة واحدة، من خلال تلاعب السياسة بالألفاظ بدهاء وذكاء، وتقديمها عبر الإعلام للجماهير، لخدمة المصلحة المرادة، وبذلك ظاهرها منبر للتعبير عن الرأي

---

[1] عبد بن العزيز شرف، علم الإعلام اللغوي، ص 127-128.
[2] عبد الستار جواد، اللغة الإعلامية، ص 49-51.

والحرية الفكرية، وباطنها بث أفكار أيديولوجية من شأنها التأثير في الجماهير لإرساء السياسة المطلوبة.

ينجح هذا الأسلوب اللغوي في أحيان كثيرة، لأنه يحتاج إلى إعمال الذهن، والفهم والتأويل، وهذا لا يتوفر في فئة كبيرة من الجماهير، إذ لا تستطيع النفاذ إلى حقيقة ذلك، في حين إن الخبير اللغوي، أو المحلل اللغوي، لا يسعى وراء القواعد النحوية، بل إلى البناء اللغوي، ونظام العلاقات الذي يحكم المعاني الظاهرة للخطابات، وهذا ما يحتاج إلى فهم وتأويل، في حين تسعى الجماهير وراء استقصاء المعلومة، ومعرفة ما يجري على أرض الحدث.

الخبر السياسي.

كان الخبر الصحفي العربي في بواكير القرن التاسع عشر يكثر من استخدام المحسنات اللفظية، والعبارات الأدبية السائدة في الكتابة، وكانت طريقة تحريره قائمة على ما يسمى أسلوب الهرم المعتدل: الذي لا يمكن معرفة معنى الخبر، أو العقدة الرئيسية إلا بعد الانتهاء من قراءته، فيسير الكاتب بالقصة رويدا رويدا نحو حل العقدة في نهاية الخبر[1]. لكن مع تزايد اهتمام السياسة بالإعلام، ودخولها في صراعات القوى السياسية، أصبح للخبر سياسة خاصة يتم من خلالها صياغته على شكل وحدة دلالية تشكل مضمونا يضمن الفائدة التواصلية بين المخاطب والمتلقي عبر القناة، فالخبر يعد المعلومة الجديدة التي تمنح

---

(1) انظر إبراهيم إمام، دراسات في الفن الصحفي، مكتبة الأنجلو المصرية، القاهرة، ط1، 1972م، ص 127.

المتلقي وصفا يجهله عن حدث معين"[1]، أو تحوي معلومات جديدة يجهلها المتلقي، لكن لا يعني هذا التسليم المطلق بموضوعية الخبر، "فقبل أن تصبح المعلومات أخبارا، ينبغي معالجتها لتتلاءم مع معايير وقيم يحددها كل مجتمع، وهكذا فالاختلافات الثقافية من مجتمع إلى آخر تنطوي على نفي أي وجود موضوعي للخبر، بعيدا عن المؤثرات الثقافية للقائمين على اختياره، وصياغته، وتقديمه بوصفه وسيلة التعبير عن المركب السياسي والثقافي والاجتماعي في أي مجتمع"[2].

وقد يشوه الصحفي الخبر دون قصد، من خلال اختيار معلومة تبرز في مقالته، أو حذف أو وصف موجز، أو إظهار لفظة، أو عبارة مشحونة، وهذا دليل على عدم التسليم بموضوعية الخبر، خاصة مع تعدد المذاهب السياسية والطائفية، بالإضافة إلى أن الخبر يتضمن نظرة المجتمع والثقافة السائدة التي حددت معالمه.

وهذا يقود إلى ضرورة الوقوف على الفرق بين البحث عن الحقيقة، وجمع الأخبار، " فوظيفة الخبر هي إبراز حدث ما، أما وظيفة الحقيقة فهي الكشف عن الحقائق الخفية وربطها ببعضها بعضا، إذ تضع صورة للواقع يمكن للإنسان أن

---

[1] أحمد العاقد، تحليل الخطاب الصحفي من اللغة إلى السلطة، ص 32-33.

[2] حمدي حسن، الوظيفية الإخبارية لوسائل الإعلام، دارالفكر العربي، القاهرة، ط1، ص 44.

يعمل على أساسها"[1]، "فالأخبار ليست مرآة للظروف الاجتماعية ولكنها تقرير عن عنصر من الواقع فرض نفسه"[2]، وبذلك فالخبر من وجهة نظر الاتجاه الواقعي: "يفترض فيه أن يكون وصفا واقعيا صارما يستند إلى الحقائق عن الأحداث في العالم[3].

ولما كان الخبر هذا النشاط الإنساني - مركبا من منظومة علاقات سياسية، واجتماعية، وثقافية في مجتمع ما-، فهذا يعني أن له أثرا جليا في الرأي العام للجماهير، فبه تزداد العملية التواصلية قوة بين المخاطب والمتلقي، "إذ يؤثر في الرأي العام أكثر من المقالات الجدلية والكتابات الإنشائية، ولعل سبب ذلك أن الخبر ينقل صورة واقع ما، أو حدث ما إلى أذهان الجماهير، بل ويحددها بطريقة صياغته"[4]، لذا فاعتماد وسائل الإعلام في السياسة، وخاصة الصحافة على الأسلوب الإخباري الإعلامي أكثر من اعتمادها على المقابلات، وإقامة الحجج، والنقاشات الجدلية التقليدية.

ولعل أثر الخبر يبدأ من العنوان "إذ للعناوين قيمة إعلامية؛ لأنها تكشف المعلومات، وتختصر معاني الخبر بأقل قدر ممكن من الكلمات المعبرة، والمؤدية

---

[1] المرجع السابق ، ص47 .
[2] المرجع السابق، ص84 .
[3] المرجع السابق، ص50 .
[4] ابراهيم إمام، الإعلام والاتصال بالجماهير، ص 225.

لمهمتها الإخبارية"[1]، "فمحررو الأخبار في الصحف والمجلات يعرفون أهمية العناوين التي يضعونها فوق الأخبار، ويعرفون أن عددا من القراء يطالعون العناوين دون مضمون الخبر، لذلك يستخدمون كل جهد ممكن في صياغة العناوين صياغة موجزة، لتستخدم استخداما دعائيا، حيث يمكن أن تستخدم العناوين للإيحاء باتجاه معين"[2]

من مثل: "الضاحية مستنفرة وعيونها على حيفا"[3]، و"أمة تلتحم تحت الصواريخ"[4]. فالعنوان أداة إبراز لها قوة خاصة، إذ إن العناصر المبرزة في العنوان لا تمد بنقطة انطلاق تبنى حولها كل ما يكمن في صلب الخطاب فقط، بل تمد بنقطة انطلاق تحد من إمكانات فهمنا لما يلحق في الخطاب[5]، فخصوصية المعلومات الواردة في تقديم عنوان الكاتب هي وسيلة للإشارة إلى نقطة الانطلاق للخبر، أوالخطاب الذي يليه[6].

[1] ندوة اللغة العربية ووسائل الإعلام، جامعة البترا، الأردن، 2000م، ص 43.
[2] انظرحمدي حسن، الوظيفة الإخبارية لوسائل الإعلام، ص 79.
[3] صحيفة النهار، العدد 22712، الجمعة 14 تموز 2006 م، ص9.
[4] صحيفة السفير، العدد 10459، 30 تموز 2006 م، ص4 .
[5] انظر براون و يول، تحليل الخطاب، ص 162-163 .
[6] انظر المرجع السابق، ص 175-176.

إذا كانت انطلاقة الكاتب قوية جذبت القراء للعناوين، وقد يستثير العنوان قارئا ما فيحثه على قراءة الخبر، فيضمن بذلك تحقيق جزء بسيط من التأثير؛ لأن العنوان سيعلق في ذهن القارئ، فيقرأ الخبر حتى يرتوي من امتدادات العنوان.

التحيز في لغة الخطاب السياسي الإعلامي.

يعد التحيز "هو كل واقعة لها بعد ثقافي، وتعبر عن نموذج معرفي، أو رؤية معرفية، والنموذج هو صورة عقلية مجردة، أو نمط تصوري، فهو عملية تفكيك وتركيب؛ إذ يقوم العقل بجمع بعض السمات من الواقع، فيستبعد بعضها، ويبقي بعضها الآخر، ثم يقوم بترتيبها بحسب أهميتها، ويركبها بل يضخمها أحيانا[1]".

ويتمثل التحيز بعدم القدرة على تحقيق الموضوعية، والعدالة، والحياد، ومعاملة الطرفين في قضية محل جدل أو صراع معاملة المساواة، ويتم ذلك من خلال تقديم صورة نمطية معينة لطرف ما، أو إضافة أو تحريف المعلومات أو تشويهها لطرف ما، أو استخدام اللغة استخداما يحث المتلقي على إصدار أحكام معينة أو إدانة طرف معين في قضية جدلية، فمثلا نقص المعلومات التي تقدم للجماهير عن أحداث وقضايا جدلية وصراعات من مثل حرب لبنان من قبل صحيفة معينة، يمثل تحيزا سافرا، إن كان هذا النقص مقصودا.

[1] عبد الوهاب المسيري، إشكالية التحيز، رؤية معرفية ودعوة للاجتهاد، مقدمة "فقه التحيز" السلسلة المنهجية الإسلامية، المعهد العالمي للفكر الإسلامي، 1998م، القاهرة، ص 31-32.

ويكمن التحيز بصورة أخرى في الأخبار، عبر "انحراف قصدي في الخبر من قبل المخبر الصحفي أو المحرر، يتناسب مع ميوله، أو مع شخص ما، أو ضده، ويكون التحيز أو الانحياز من خلال ذكر تفاصيل معينة دون غيرها، وحذف بعض الكلمات، وشحن كلمات أخرى بالمعاني، والعواطف والميول، أو نقل حكم شخص ما في قضية ما بدل أن يغطي الحدث بموضوعية"[1].

يتخذ التحيز مبدأ العزل والانتقاء سبيلا له في اللغة الإعلامية[2]، إذ لهذا المبدأ تجليات خاصة في لغة الصحافة، يتمثل في إغفال جزء من الحقيقة، أو إبراز جزء آخر بأكثر مما يستحق، فالانحياز نقيض الموضوعية[3]، إلا أن الأمر الحقيقي في عملية التحيز اللغوي في الخطاب الإعلامي يتجلى فيما يعرف ب (شحن المفردات)[4]، أي استعمال الكلمات ذات الظلال، فاللغة المستخدمة في صياغة الأخبار يمكن استخدامها ببراعة في الدعاية دون المساس بالحقائق الأساسية للأحداث، وذلك من خلال نسبة الكلمات المستخدمة في التصريحات إلى قائليها على سبيل المثال، فقد تكشف مدى تحيز رجل الإعلام إلى شخص، أو ضد شخص ما، فالفعل (قال) في مدلوله يختلف عن الفعل (زعم)[5].

---

[1] عبد الستار جواد، اللغة الإعلامية، ص 83-87.

[2] انظر نبيل حداد، لغة الإعلام، (مقاربة لغوية)، ندوة اللغة العربية ووسائل الإعلام، جامعة البتراء، ص 56.

[3] المرجع السابق، ص 56.

[4] انظر عبد الستار جواد، اللغة الإعلامية، ص 94-95.

[5] انظر حمدي حسن، الوظيفة الإخبارية لوسائل الإعلام، ص 79.

التحيز لصيق باللغة الإنسانية نفسها؛ إذ لا توجد لغة إنسانية واحدة تحتوي على كل المفردات الممكنة للتعبير عن الواقع بكل مكنوناته، إذ لا بد من الاختيار، هذا يعني أن اللغة الإنسانية ليست أداة محايدة مثل لغة الجبر والهندسة[1]، حيث أثبتت التجربة أن اللغة ليست دائما شفافة وواضحة، إنما قد تستخدم أداة إخفاء وتضمين، ولا سيما فيما يتعلق بما يمكن أن يحاسب عليه الإنسان، في المواقف الحساسة التي لا يجوز أن يتعامل معها بوضوح وشفافية.

خلاصة القول إن وسائل الإعلام والاتصال لا تنظر إلى اللغة بوصفها وسيلة للتعبير عن الأفكار فحسب، وإنما وسيلة تمتزج فيها العقول والنفوس فتكون الرأي العام للجماهير، وتساهم في تشكيل ثقافاتهم، وتحديد الصور الذهنية الكامنة في نفوس أفراد المجتمع.

ومن خلال ذلك تتضح طبيعة العلاقة الجدلية بين اللغة والإعلام، فاللغة بوصفها أداة اتصال وتبليغ، وتعبر عن انفعالات النفس، وعواطفها وخوالجها، وهي أداة تقويم وتوجيه، وتأثير في سلوك الآخرين، وإقناع من جهة أخرى. والإعلام بوصفه أداة اتصال أيضا تثبت القيم والثقافة السائدة، وتوضح العلاقات الاجتماعية. وبذلك تحقق اللغة وظائف إنجازية (أي إن هناك أفعالا لا تنجز إلا باللغة)، والمقصود بها إنشاء واقع بموجب عملية التلفظ بها ذاتها، وليس نقل صورة صادقة، أو فاسدة عن واقع ما[2].

---

[1] انظر عبد الوهاب المسيري، إشكالية التحيز، ص 33.
[2] انظر فرج كامل، تأثير وسائل الاتصال (الأسس النفسية والاجتماعية)، دار الفكر العربي، القاهرة، 1985م، ص 141.

المبحث الثالث

الإعلام وواقعه ودوره التأثيري

بين الاتصال والإعلام

يعد الإعلام وسيلة متميزة لنقل المعرفة، وفي أحيان كثيرة لإنتاجها ونشرها؛ لأنه قناة تبليغ يستخدمها المخاطب في عملية اتصاله مع المتلقي، لبث المعلومة، وتحقيق الهدف، ما يعني أن الاتصال "عملية يتفاعل بمقتضاها متلق الرسالة ومرسلها في مضامين اجتماعية معينة، وفي هذا التفاعل يتم نقل أفكار ومعلومات عن قضية معينة أو واقع ما"[1]، وهذا الاتصال يحتاج إلى نشاط هادف يدعو الآخرين إلى إبراز معلوماتهم وأخبارهم؛ لنشرها عبر وسائل معينة تتمثل بالإعلام، فكنه العملية التواصلية سلسلة من نشاطات بين أفراد، يتبادلون الآراء والاتجاهات والقيم والأخبار .

والإعلام هو "نشر الحقائق، والأخبار والأفكار، والآراء بين الجماهير بوسائل الإعلام المختلفة، كالصحافة والإذاعة والندوات والمؤتمرات، وغير ذلك بغية التوعية والإقناع، وكسب التأييد"[2]. وبذلك ينطوي الإعلام على "تزويد الناس بالأخبار الصحيحة، والمعلومات السليمة، والحقائق الثابتة التي تساعدهم

[1] جيهان آل رشتي، الأسس العملية لنظريات الإعلام، دار الفكر العربي، القاهرة، 1978م، ط2، ص 53.
[2] أحمد زكي بدوي، معجم مصطلحات الإعلام، دار الكتاب المصري، مصر، ط 2، 1994م، ص 83-84.

على تكوين رأي صائب في واقعة من الوقائع، أو مشكلة من المشكلات، بحيث يعبر هذا الرأي تعبيرا موضوعيا عن عقلية الجماهير، واتجاهاتهم، وميولهم"[1].

إلا أن مسألة نقل المعلومات الصحيحة، والحقائق الثابتة، تحتاج إلى إمعان النظر فيها، فالجدل مستمر حولها، ولعل المقصود بالمعلومات الصحيحة هو تنوير الجماهير بما يحدث، لكن مهما حاول الإعلام الالتزام بالموضوعية فلن يصل إلى المثالية الكاملة، لذا فغرضه التثقيف والتوعية، وإعداد المعلومات، ثم توصيلها إلى الجماهير، وإقناعهم بصحتها، من أجل التأثير في سلوكهم وآرائهم، وطرائق تفكيرهم.

يحدث الاتصال "حين يؤثر عقل في عقل، فتحدث في عقل المتلقي خبرة متشابهة لتلك التي حدثت في عقل المخاطب ونتجت عنها"[2] وهذا التأثير لايحدث إلا ضمن سياق اجتماعي، وتفاعل اشترك فيه الطرفان، يعكس في داخلهم جوانب نفسية لها صلة بالشعور، فيتبنى الفرد جراءها آراء واتجاهات استقاها من الإعلام.

وأظهر وسيلة تواصلية تمتلكها وسائل الإعلام الجماهيرية، بوصفها قناة تبليغ العملية الاتصالية، هي اللغة منطوقة أم مكتوبة؛ لأن التواصل يقوم على

---

[1] عبد اللطيف حمزة، الإعلام والدعاية، ط 2، دار الفكر العربي، القاهرة، 1978، ص 75.

[2] سوسن عثمان عبد اللطيف، وسائل الاتصال في الخدمة الاجتماعية، مكتبة عين شمس، مصر،1993/1994 ص86.) مصطلح (الاتصال) مثله مثل باقي المصطلحات في العلوم الإنسانية والاجتماعية، له تعاريف كثيرة ومتعددة حتى إن الباحث (ميرتن) قال في عام 1977: "إن مفهوم الاتصال يوجد له 160 تعريفا على الأقل.

نقل الخبر مع الاهتمام بالمخاطب، والمتلقي، والرسالة المخبر عنها، وهدف الإخبار، وكله رهين الموقف الذي يحدث فيه التواصل "والرسالة يستقبلها كل حسب قربه أو بعده من الإطار الدلالي،...، فكلما كان المستقبل قريبا من الإطار الدلالي، كان أكثر استيعابا للرسالة في تركيبها ودلالتها، وفاهما لفحواها"[1].

الاتصال عملية تفاعل يتم فيها تبادل آراء، وأفكار، وسلوكات من فرد إلى آخر، أو إلى جماعة، مادتها ومعلوماتها أخبار سياسية، أو اقتصادية، أو...، وأدواتها كلمات، ولغة، ووسيلتها الإعلام لنشر هذه الأفكار، لذا ارتكز الإعلام في العصر الحديث على استخدام اللغة، بل أصبح يتلاعب بألفاظها ودلالاتها؛ ليلامس إلى جانب العقل المشاعر والعواطف، بقصد التأثير في الآخرين واستقطابهم، فتعد العلاقة بين الإعلام وحريته، وبناء مجتمع المعرفة علاقة وثيقة، لأهمية إسهام الإعلام ذي المضامين العميقة في تجذير التوجه نحو إقامة مجتمع المعرفة، الذي ترنو إليه مختلف الشعوب. ويسعى الإعلام جاهدا إلى مخاطبة العقل، عقلية الجماهير، ويعبر عنها ويخبرها، ولذا يكون تأثيره الحاصل في المتلقين متدرجا؛ لأنه يتمثل الموضوعية، وإن لم يحققها بتمامها.

وبذلك تكون حدود الاتصال والإعلام متصلة لا انفصام لها، إذ لا يعدو أن يكون الإعلام شكلا من أشكال الاتصال، أو فرعا من فروعه، إذ يتمثل الاتصال في ارتباطه بالتفاعل الإنساني، والإعلام في أنه طريق يستطيع طرفا

[2] عبد العزيز شرف، علم الاجتماع اللغوي، ط1، الشركة المصرية العالمية للنشر، القاهرة، 2000م، ص 55.

الاتصال عبره من التفاهم وتبادل الخبرات. ويمكن القول: إن الاتصال ظاهرة إنسانية نفسية اجتماعية عامة، والإعلام أسلوب من أساليب هذه الظاهرة، إذ بدوره يهتم بالإخبار الموضوعي الصادق بغية التثقيف، أو التعليم والتنشئة، أو الإخبار، أو لهذه الأغراض مجتمعة.

أصبح الإعلام "بؤرة لتفاعل بنيات ثلاث كبرى، هي : الذات واللغة والعالم"[1]؛ لأنه وسيط جماهيري؛ وأداة فاعلة في نسج الخطاب الصحفي، وصياغته وفق خطة معينة، لترسيخ تمثيل معرفي خاص في الذهن الجماعي، لذا فنتاجات الوسيط الجماهيري (الإعلام المكتوب) خطابات

تواصلية معرفية، تبنى على استراتيجيات الإنتاج، والتأويل، والاستدلال[2]. وقد تنبهت السياسة إلى دور الإعلام، ووجدت فيه وسيلة لتحقيق مآربها، فنجحت بمقوماتها وأساليبها كافة في توجيه دفته نحو أهدافها الاستراتيجية المرسومة، رغم وجود بون شاسع بين أقوالها وأفعالها.

[1] أحمد العاقد، تحليل الخطاب الصحافي من اللغة إلى السلطة، دار الثقافة للنشر والتوزيع، الدار البيضاء، المغرب، 2000، ص 15
[2] انظر المرجع السابق، ص 15- 17.

تأثير الإعلام ووظائفه.

تنبه العلماء قديما إلى تأثير الإعلام، أمثال الإمام الشيرازي، إذ ذكر تأثيره في عقول الناس، وأشار إلى طرائق ووسائل يمكن استخدامها لتحويل اتجاهات الرأي العام، وهي ما تعد اليوم من الاستراتيجيات الإعلامية، منها:"تسخير الألسنة المقبولة مثل خطيب أو مدرس، وتحري الحق النصفي، أي ذكر بعض الحقائق والسكوت عن بعضها، وتأويل الحق باطلا والباطل حقا، وخلط الباطل بالصحيح، حتى يتخذ السامع والقارئ بالصحيح الموجود، فيظن أن كل ما يراه أو يقرأه صحيحا "[1] ، قال تعالى: **(يحرفون الكلم عن مواضعه)** [2]

وتعد النقطة الأخيرة من النقاط السابقة من أكثر الأمور خطرا في الإعلام، فكثيرا ما تشوه الحقائق عبر الخلط بين ما هو حقيقي وما هو باطل، من خلال استراتيجية تسمى "استراتيجية الإعلام الدعائي"[3]، الذي يعد شكلا من أشكال

(1) انظر الإمام محمد المهدي الحسيني الشيرازي، الاجتماع، ج1، دار العلوم، بيروت، 1992م، ص 16.

(2) سورة النساء، الآية 46.

(3) ستيفن إينزلابير، وودري بيرو، وشانتو نيجر، لعبة وسائط الإعلام، ترجمة: شحدة فارع، دار البشير، عمان، 1999م، ص89 ومزية هذا الفن أنه لا يوجد إجماع على ما يمكن أن يعد سلوكا صحيحا أو خاطئا، ويقوم على استراتيجيتين أساسيتين هدفهما اجتذاب عدد أكبر من الناس، هما: بث رسائل حول موضوع أو قضية معينة، او بث رسائل سلبية حول موضوع مناقض أو قضية مناقضة لها، لإظهار مدى قدرة الإعلام على تغير =

الفن، يصعب تحديد إطار لهويته، نظرا للتطور المستمر من أجل مواكبة المزاج العام للجماهير.

ولا تتحقق هذه القدرة للإعلام إلا عبر تحقق وظائفه، "فأول وظيفة للصحافة هي نقل الأخبار وشرحها والتعليق عليها"[1]، ووضعها في إطار ملائم للظروف الاجتماعية والسياسية، ثم بثها بعد معالجتها ، كي يكون أمام الرأي العام الفرصة لاتخاذ القرارات، وكذلك إتاحة فرص التفاعل الاجتماعي بين الأفراد والجماعات بصورة أو بأخرى"[2]، ولتمكين متلقي الخبر من الوصول إلى وضع يسمح له باتخاذ القرار السليم، بالإضافة إلى وظائف أخرى منها : وظيفة التوحيد والمشاركة، والحوار، والنقاش، والتكامل، والتفاهم، وخدمة المجتمع[3]. وعلى الإعلام أن يكون على دراية برغبات الجماهير وحاجاتها، فيقوم بإشباعها

= الاتجاهات، أو تحريكها على الأقل ، مهما كان لها من أبعاد سياسية، أو دينية، أو اجتماعية، أو أيديولوجية، ولا يقتصر دور الإعلام على ذلك؛ بل يعمل على تشتيت الذهن نحو القضية المقابلة، ويظهر سلبياتها، ويضخمها.

[1] خليل صابات، وسائل الاتصال نشأتها وتطورها، مكتبة الأنجلو المصرية، القاهرة، ط2، 1979م، ص 183.

[2] صالح ذياب هندي، أثر وسائل الإعلام على الطفل، ط1، عمان، كلية مجتمع عمان، 1990م، ص 22-23.

[3] انظر مصطفى المصمودي، (النظام الإعلامي الجديد)، الكويت، سلسلة عالم المعرفة، العدد 94، اكتوبر، 1985م، ص 196-201.

لهم، إلا أنه أحيانا قد يساء استغلاله[1] - عمدا- من قبل القائمين عليه، أو الحكومات التي تمتلكه، أو من قبل يملكونه، عبر الكذب والتضليل والتمويه، تحقيقا لأغراض خاصة، لذا لا بد من النظر في التضليل الإعلامي.

التضليل الإعلامي في الخطاب السياسي الإعلامي .

تعد وسائل الإعلام المسؤولة الأولى عن صياغة عقول الجماهير وعواطفها؛ لتنسجم مع هوى هذا الطرف، أو ذاك من الأطراف المتحاربة، لذا ينبغي أن يكون أفراد المجتمع على علم بحقيقة وجود تضليل إعلامي؛ لأنه "يقتضي واقعا زائفا هو الإنكار المستمر لوجوده أصلا"[2]، فعملية التضليل هي تشويه وزيف لواقع لا ينبغي أن يظهر كما هو، لذا يتم خلط الأفكار، والخبرات، والدوافع، والصراعات، التي تمثل تهديدا لمن يسعى للتضليل.

والإعلام عندما يستخدم للتضليل، تفعل فيه آليات نفسية بقصد التأثير في عقول الجماهير، وسبب ذلك خضوع الإعلام لسياسات معينة، أو شركات خاصة لها ميول واتجاهات سياسية ما، تقوم بتمويله، وهذا دليل على عدم حيادية الإعلام، واتباعه أهواء من يوجهونه، على الرغم من أنه يسعى جاهدا

---

[1] للنظر في كيفية الاستغلال السيء للإعلام، انظر كرم شبلي، الإعلام والدعاية في حرب الخليج، وثائق غرفة العمليات، القاهرة، مكتبة التراث الإسلامي، ط1، 1992م، ص 14،15... .

[2] هربرت .أ. شيللر، (المتلاعبون بالعقول)، سلسلة عالم المعرفة، الكويت، العدد 242، آذار، 1999م، ص 20.

إلى إضفاء بعض الشرعية على أمور يخشى رفضها جماهيريا، لذا يتم إعداد الإعلام ليكون قوة اجتماعية مؤثرة وموجهة في آن واحد.

فحروب اليوم هي حروب الإعلام المتمثلة بالكلمات، وإذا كانت التقنيات الحديثة قد مكنت الإعلام من الحضور في قلب المعركة ومتابعتها أولا بأول، فإن ما ينقل من أرض المعركة إلى الصحف، ومنها إلى عقول القارئين ليس شيئا واحدا، مع أن الحدث واحد، والمعركة واحدة، فالصور والحقيقة يحذف منها ويضاف إليها، والكلمات تدبج وتضاف إليها التحليلات والتعليقات التي تسيرها في اتجاه معين، بحيث يصدق القول على الإعلام في الحرب إنه مضلل، إذ تستخدم بعض الأطراف المتصارعة الإعلام لتخفي حقائق معينة ليس في مصلحتها الكشف عنها، بل بعضها على استعداد لتضخيم حدث، حتى يصبح قضية الساعة؛ ليقلل في المقابل من أهمية جريمة ما ارتكبت، وهذا مرتبط بطبيعة الإعلام في العالم العربي وواقعه.

الإعلام في العالم العربي

باتت علاقة الإعلام بالمجتمع، ومدى تأثيره الجماهيري، وغاياته ووظائفه واضحة، ولا بد من النظر إلى واقع الإعلام في العالم العربي عامة، وفي لبنان خاصة لتوصيفه، لكن تجدر الإشارة إلى التنبه لمصطلح (الإعلام العربي)، ففي رأي الباحث ليس هناك ما يسمى إعلام عربي، إنما هو إعلام لبعض القضايا العربية التي تمس الأقطار العربية، ويتميز هذا الإعلام دون غيره بخضوعه لرقابة القوى السياسية، واهتمامها به؛ لأنه يعرض قضايا وإشكاليات تمس بالمصالح الاقتصادية، والاجتماعية المؤدية إلى حقيقة الوضع السياسي، وفي المقابل يتمتع الإعلام الداخلي لدولة ما بحرية أكبر، وجرأة أكثر؛ لأن ما يعرضه لا يمس بمصالح سياسية دولية.

الإعلام الذي يتناول القضايا العربية هو رهين لأيديولوجية الجهة الإعلامية التي تتعهد بتمويله، وبذلك ينتمي لهوية سياسية معينة، ويظهر ذلك جليا عندما " يضطر الإعلامي العربي أن يمالىء السلطة في مواقع إعلامية كثيرة، سواء أكان يعمل في الإعلام الرسمي، حيث التبعية الآمرة، أو في الإعلام الخاص، وقليلة هي الحالات التي يتمرد فيها على مثل هذا الواقع"[1].

هذا الأمر حد من الثقة بين المتلقي العربي، والوسائط الإعلامية العربية، من صحافة أو محطات إعلامية، أوغير ذلك، إذ انبثقت مشكلة الثقة من تجارب

[1] رفيق نصر اللـه، الأمن الإعلامي العربي (إشكاليات الدور والهوية)، رياض الريس للكتب والنشر لبنان، بيروت 2007، ص45

سابقة لهذا المتلقي العربي، الذي فقد المصداقية الكاملة في بعض تلك الوسائط الإعلامية، مما جعل بعض المتلقين يلجؤون إلى وسائط إعلامية غير عربية بحثا عن المصداقية المفقودة، ظنا منهم أنهم وصلوا إلى هدفهم، دون العلم أن مثل هذه الوسائط الإعلامية تحكمها قوى سياسية تلتحف بغطاء الشفاهية، هدفها تشويه الصورة الحقيقية للوصول إلى مآربها.

رغم الطفرة الكبيرة التي تعيشها وسائل الإعلام في الدول الغربية والدول المتقدمة، لم تستطع وسائل الإعلام في العالم العربي، والصحافة خاصة مواكبة تيار الحداثة بالقدر المطلوب، مع المحاولات المتعددة لاستنهاضه، ويؤخذ عليها قصورها وضعف انتشارها، ومحدودية عمقها، وذلك لعدم تجديد طرائقها ومضامينها، والاقتصار على التغطية الإخبارية السطحية، وقلة إمكانيات التحرك السريع والواسع، والوجود الدائم في مواقع الخبر، فيفقدها الحصول على الأنباء المتخصصة، و النوعية التي تمس الواقع السياسي والاقتصادي للعالم العربي.

ويفتقر الإعلام في العالم العربي في مجمله إلى عدم وجود مصادر مستقلة ومتنوعة للمعلومات، فهو يعتمد اعتمادا كبيرا على مصادر المعلومات الأجنبية، وكالات الأنباء العالمية الغربية خاصة، مع العلم قليلا بقدرة مثل هذه الوكالات على التحكم بسيل المعلومة، والتحكم فيما يجب تمريره للإعلام في العالم العربي، فهي تخضع في أحيان كثيرة إلى قوى ضغط كبيرة، تربطها بمجموعات مالية وسياسية ضخمة، تسيطر على سياسة العالم ، وبذلك لا يتحقق النشاط التفاعلي بين أطراف العملية التواصلية، لتزعزع الثقة بين المتلقي العربي وبينها.

الإعلام في لبنان .

أما ما دفع الباحث إلى دراسة حرب لبنان في صيف ألفين وستة هو ما أثارته من إشكاليات كبيرة، إذ تفرعت فيها الاتجاهات، وكثرت فيها الأقاويل والآراء، وتبدى ذلك من خلال اللغة المستعملة في صوغ الأفكار ووجهات النظر، وظهور الارتباك الإعلامي جليا في بث الأحداث، لعدم وضوح حقيقة ما يجري، فكان حال الإعلام متأرجحا بين المنحاز والمحايد والموافق، حسب ما يرده من معلومات، رغم تأثر بعضه بالشارع اللبناني والعربي رغبة في عدم مواجهته، فقد كان الموقف العام للإعلام في لبنان سلبيا، إذ لا تكاتف في محاولة إظهار الصورة الحقيقية للأحداث، وعدم السماح لأطراف غربية الإملاء عليه بالمعلومات أوالمواقف، وهذا يعد من أبسط مهامه، وربما يرجع ذلك لخضوعه للممول، أوالجهة السياسية التي تقوده، وتنفذ أجندة خاصة، إما اجتماعية، أو سياسية، أو اقتصادية، أو أيديولوجية ما.

و نظرة متفحصة لواقع الإعلام في لبنان، تكشف أنه أقرب ما يكون إلى إعلام يتبع جهات طائفية وسياسية في جوهره، تبعا لانتمائه أو مموله؛ إذ يتفرد في بنيته وتشكيله، من خلال قيامه على مبدأ التقسيم الطائفي السياسي الذي ساد لبنان منذ ثلاثة قرون، لذا ينحو منحى التيارات الدينية والسياسية؛ ليبتعد عن المنحى الاجتماعي، وهذا ما سيظهر في الدراسة التطبيقية.

هذا الأساس الطائفي والسياسي لجهة إعلامية ما أكسبها قوة دفاعية لإعلامها، ودافعية في بث أفكارها ومقاصدها بعيدا عن حقيقة الوظيفة الإعلامية، بل ويؤمن هذا الأساس حصانة لها، مما يدفع إلى عدم وجود ضوابط أو معايير تضع حدودا للجهات الإعلامية المختلفة داخل لبنان، مما أدى تغلغل

الجهات الطائفية السياسية في السياسة اللبنانية إلى تأثيرها في فئات المجتمع اللبناني المتمثل في قدرتها على " إعادة صناعة بعض الرأي العام، وإجراء تحولات قد تكون زلزالية لدى شرائح كثيرة من الجمهور اللبناني، حيث يثير هذا الإعلام الكثير من الأزمات تحت عناوين كثيرة"[1].

ونتيجة للاختلافات الطائفية والسياسية، تباينت اللغة الموظفة في الإعلام؛ فاللغة التي وظفت لتأييد الحرب والاحتفاء بنتيجتها تتباين مع اللغة التي عارضت الحرب واستحقاقاتها، وكلتا اللغتين تتباين مع اللغة المتأرجحة بين المعارضة والموافقة، فاستغل الفرقاء إمكانات اللغة وطاقاتها؛ لامتلاك سلطة توجيهية يعضدون آراءهم في خطاب موجه للجمهور؛ لذا كان الإعلام في لبنان عرضة للوقوع في شرك الحرب التي شنتها اسرائيل على لبنان، إذ أصبح الإعلام متأثرا بما يبثه الآخر في الحرب .

"فبدت بعض الجهات الإعلامية في لغتها، واستخداماتها، وتوجهاتها، وأنماط التعبير فيها، تمثل انعكاسا سلبيا للواقع السلبي، فأظهرت بعض الصحف أن لبنان كله في حرب، وبعضها الآخر أظهرت أن الحرب كانت ضد جهة ما، أو طائفة ما، فبذلك انقسم الإعلام اللبناني على نفسه خلال هذه الحرب، حتى " إن بعض ما قالته أو بثته، أو مارسته جهات إعلامية معينة بدا في لغته كما لو كان معدا سابقا، ليتناغم مع المشروع الكامل الذي جاءت هذه الحرب في سياقه"[2].

---

[1] رفيق نصر الله، الأمن الإعلامي العربي (إشكاليات الدور والهوية) ، ص45.
[2] رفيق نصر الله، الأمن الإعلامي العربي (إشكاليات الدور والهوية) ، ص80.

ويشير ذلك إلى أن بعض الجهات الإعلامية كانت تعمل على تمويه الحقائق، وإحداث تغير في الاتجاهات والآراء، وسبب ذلك عدم قدرة تحديد الاتجاهات في الحرب، أو الرغبة في عدم تهدئة الوضع لسبب ما، لذا ظهر اختلاف في الخطابات آنذاك، فمنها ما كان خطابا مقاوما، ومنها خطابا محايدا، ومنها خطابا منحازا، وهذا الاختلاف في الخطابات بني على الخلفية السياسية والطائفية المتناقضة في لبنان.

الفصل الثاني

الدراسة التحليلية

الفصل الثاني

الدراسة التحليلية

المقدمة

يدرس هذا الفصل لغة الخبر السياسي في الخطاب الإعلامي المكتوب في الصحف اللبنانية الأربع (السفير، والنهار، والمستقبل، والانتقاد العهد)، خلال فترة الحرب التي شنها الكيان الصهيوني على لبنان، ولعل البغية في التطبيق إدراك القوة التي يتمتع بها الخطاب الإعلامي المكتوب في الدفاع عما يرمى إليه من مطالب لمنشئه؛ إذ إن لغة الخبر السياسي في الحرب لم تقتصر على وظيفة نقل الخبر، أو وصف الواقع، بل استطاعت إنجاز أعمال لا يمكن للقوى السياسية إنجازها دون اللغة، والعمل على التواصل بغرض التوجيه وتغير سلوك المتلقين تجاه الحرب.

الخطاب هو المكان الذي يتكون فيه فاعله، ومن خلاله يبنى الفاعل هذا العالم الخطابي، ويبنى ذاته أيضا، فهنا ازدواجية ما بين المخاطب فاعل الخطاب وخطابه المنتج، ودرجة تلاعبه بالكلمات، ومدى إقناعه للمتلقين، فالخطاب نتاج رمزي، ينطوي على علاقة تنشأ بين اللغة ومستعمليها ومؤوليها؛ لأن لغة الخطاب وخاصة الإعلامي لغة رمزية، تحمل مضامين، وإشارات، ودلالات من شأنها إظهار فكر مصيغيها واتجاهاتهم، وكيفية توظيف مثل هذه الصياغة في إثبات وجهة نظر معينة دون سواها، وهذا جل ما يسعى إليه التطبيق والتحليل.

لذا من الضرورة بمكان إلقاء بعض الضوء على أحداث الحرب، وأسبابها، وتداعياتها، ومجرياتها باقتضاب، وحال لبنان واللبنانيين قبل الحرب وأثناءها،

وأثر ذلك في الموقف اللبناني في الحرب، حتى يتسنى فهم التحليل بناء على المعطيات التي ستذكر.

شهد العالم العربي والإسلامي إبان القرن العشرين سلسلة متنوعة من حروب، ومعارك، وصراعات في مناطق حيوية، في منطقة الشرق الأوسط خاصة، ومر جيل تلو جيل، دون وقفة تأمل علمية وفكرية دقيقة عند ظاهرة الحرب، التي شهدتها مجتمعات الدنيا جميعها، مع أن الثقافة العربية المعاصرة قد ازدحمت بكتب التاريخ السياسي، وسلاسل الحروب في عصور شتى، لكن دون تعمق في طبيعتها، واللغة الباعثة على إذكائها، والتطور التقني المؤثر في نشر ثقافتها.

سيعمل الباحث على توضيح الأحداث السياسية المتسارعة التي أدت إلى شن إسرائيل الحرب على لبنان، والظروف المحيطة بها، ودور الإعلام ولغته في الترويج لها. ولا بد من الإشارة قبل البدء إلى أن هذه النبذة عن الحرب لم تعتمد على مصدر دون سواه، بل كانت حصيلة مراجع عديدة، وخلاصة الاطلاع على مصادر شتى من وثائق سياسية، وكتب، وصحف، ووكالات أنباء لبنانية وعربية وأجنبية، وتم توخي الموضوعية فيها، والبعد عن الانسياق وراء الهوى، أو التأثر بغريزة أو عاطفة؛ لذا لا يمكن للباحث التوثيق من مصدر ما وترك مصادر أخرى، إضافة إلى أنه ليس من مشاغل الدراسة التحقق والتحري في حقيقة الحرب وأسبابها ودوافعها.

نبذة عن حرب لبنان

اتخذت إسرائيل من أسر المقاومة الإسلامية التابعة لحزب الله جنديين إسرائيليين سببا؛ لشن الحرب على لبنان في الثاني عشر من تموز عام ألفين وستة،

وكان الهدف من أسرهما تحرير أسرى لبنانيين من السجون الإسرائيلية، بعد ما عجزت كل المحاولات السياسية اللبنانية عن ذلك منذ عام ألفين.

استغلت إسرائيل الحدث لتنفيذ خطة عسكرية تهدف إلى اجتثاث المقاومة الإسلامية من لبنان اجتثاثا يمثل المرحلة الأولى من خطة استراتيجية أمريكية شاملة، تقضي بإنهاء أي ممانعة للسياسة الأمريكية في المنطقة العربية، تعول عليها لصياغة شرق أوسط جديد، بحسب تعبير وزيرة الخارجية الأمريكية آنذاك كونداليزا رايس؛ ليمكنها ذلك من إحكام القبضة، والسيطرة المستقرة عليه، إذ كانت الإدارة الأمريكية ترى في قوة حزب اللـه العسكرية عقبة أمام انطلاق تنفيذ مخططها المذكور، فصدر قرار مجلس الأمن بتجريد حزب اللـه من سلاحه، ولم ينفذ، ثم كان اغتيال رئيس الوزراء اللبناني رفيق الحريري، لإيجاد ذريعة لإخراج سوريا من لبنان، عل حزب اللـه يتجرد من أي غطاء ودعم؛ فيسهل نزع سلاحه، ثم كان آخر الأمر الهجوم العسكري الاسرائيلي على لبنان.

كان الهجوم في مجرياته متمثلا في خطة من مرحلتين: أولاهما مرحلة القصف الجوي التدميري، بالإضافة للقصف البحري والبري، لتدمير المراكز الحيوية في لبنان، وتقطيع الأوصال بين المناطق التي يتحرك الحزب فيها، و عزل لبنان وحصاره برا وجوا وبحرا، متذرعا بعدم السماح بإمداد حزب اللـه بالعتاد والسلاح.

وثانيتهما مرحلة الاجتياح التطهيري، وتهدف إلى إدخال قوى برية إلى أراضي لبنان في مهمة سهلة، تتمثل بقتل أو اعتقال من تبقى من أفراد حزب اللـه ، يعقب ذلك التمسك بالأراضي التي تم دخولها، وعدم الخروج إلا بعقد اتفاقية سلام، وبشروط إسرائيلية وأمريكية، وكان التقدير الزمني للخطة ثلاثة أسابيع في حدها الأقصى.

أما حال لبنان قبل الحرب، فقد كان اللبنانيون على خلاف فيما بينهم، إذ عقد مؤتمر الحوار الوطني، الذي آل إلى طريق مسدود في قضيتين خلافيتين، هما: تمديد ولاية رئيس الجمهورية، وسلاح حزب الله، وبذلك كانت الخلافات مستشرية بين اللبنانيين قبل الحرب، وتجدد مع نشوب الحرب تراشق الاتهامات، حول المسؤولية عن إشعال الحرب، أو التسبب بها، فكان بين السياسيين من ألقى باللائمة على حزب الله، بدعوى أنه وفر لإسرائيل ذريعة شن الحرب بخطف جنديين إسرائيليين، لكن الحقيقة بانت فيما بعد؛ بأن حرب تدمير لبنان كان مدبرا ومبيتا لها سلفا، بشهادة محللين سياسيين وإعلاميين غربيين، بينهم أمريكان، فقيل إن خطة الحرب وضعت قبل أشهر بمشاركة نائب الرئيس الأمريكي (ديك تشيني).

كان الخلاف السياسي في الموقف بين اللبنانيين ثغرة ضعف خطيرة في الجبهة اللبنانية في بداية الحرب، ولكن حركة نزوح المدنيين الواسعة إلى مناطق آمنة، وحدت اللبنانيين من شتى الفئات، والطوائف والمناطق، فتلاقى اللبنانيون على احتضان النازحين؛ فخفتت أصوات الخلاف السياسي، وبزغت حالة من الوحدة الوطنية، أسهمت في توطيد الصمود والتصدي بين الناس[1].

---

(1) هذه النبذة عن الحرب لم تعتمد على مصدر دون سواه، بل كانت حصيلة مراجع عديدة، وخلاصة الاطلاع على مصادر شتى من وثائق سياسية، وكتب، وصحف، ووكالات أنباء لبنانية وعربية وأجنبية؛ لذا لا يمكن للباحث التوثيق من مصدر ما وترك مصادر أخرى، إضافة إلى أنه ليس من مشاغل الدراسة التحقق والتحري في حقيقة الحرب وأسبابها ودوافعها.

الدراسة التحليلية :

سيسير التحليل في مسارين متوازيين: الأول: مسار تحليل الخطاب المتمثل في الكشف عن الاستراتيجيات الخطابية والإعلامية، الموظفة لغايات ومقاصد مرجوة. ودراسة الأخبار السياسية وكيفية توارد الخبر السياسي الموظف في الإعلام عن حرب لبنان في الصحف الأربع، من خلال جداول ورسومات بيانية توضح الفكرة المرادة .

والثاني: مسار تحليل مضمون لغة الخبر السياسي من خلال البحث في دلالات الألفاظ والمصطلحات ومقاصدها، وما تنطوي عليه من التحيز اللغوي الماثل في لغة الخبر السياسي في الخطاب السياسي الإعلامي للصحف اللبنانية الأربع . والثنائيات اللفظية الواردة في الأخبار. ثم عقد موازنات بين نهج الصحف، أنماط الخطاب المباشر وغير المباشر؛ للكشف عن نهج الصحف في تناول الحرب؛ لاستنباط سمات الخطاب الساسي الإعلامي في الصحف اللبنانية الأربع، وكيف أدى ذلك إلى التضليل الإعلامي بسبب اختلاف الرؤى .

تحليل الاستراتيجيات الخطابية والإعلامية

الاستراتيجيات الخطابية الموظفة في الصحف

لما وجب على المخاطب إدراك عملية التواصل بكل أبعادها المؤثرة؛ ليرتب المعاني في نفسه، ويضعها في قالب معرفي لغوي يناسب إمكانات المقال، ومقتضيات المقام، تحتم عليه تفعيل اللغة في مستوياتها المتمايزة، ومن خلالها يتم تحديد المعايير التي يعتمدها المخاطب لاختيار استراتيجياته كي تنسجم مع طبيعة السياق، وحقيقة العلاقة بين المخاطب ومتلقيه، والهدف الذي من أجله صيغ الخطاب السياسي الإعلامي، حيث تقدم في الفصل النظري أن هناك ثلاثة معايير يأخذها المخاطب بعين الاهتمام عند اعتماد استراتيجية ما، وهي: معيار اجتماعي وآخر لغوي وثالث يتبع هدف الخطاب. وفيما يلي سيتم بيان الاستراتيجيات الخطابية التي سلكتها كل صحيفة على حدى.

الاستراتيجية التوجيهية

إذا ما تم النظر إلى المعيار الاجتماعي المعتمد على نوع العلاقة بين طرفي الخطاب، وما يعرفه المخاطب عن متلقيه، والمتلقي عن مخاطبه، وما يعرفه كلاهما عن الحدث، تلحظ أن صحيفة الانتقاد وما تمثله من خطابات أمين حزبها، قد استخدمت الاستراتيجية التوجيهية.

ولكي يكون تأثير خطابه قويا، ويسهم في تحقيق أهدافه ووظائفه عبر صحيفة الانتقاد، فلا بد أن تستحضر الصحيفة مكانة المخاطب وكينونته؛ لينشأ من هذا الفهم نوع من الانسجام بين المخاطب ومتلقيه، فقد نظرت الصحيفة

وجمهورها إلى حسن نصر اللـه نظرة الرمز للصمود، والقائد للانتصار، والضامن للوحدة، والمدافع عن العروبة والكرامة اللبنانية والعربية.

لذا امتلك حسن نصر اللـه السلطة الخطابية التوجيهية المتمثلة في كونه رئيس حزب اللـه الذي يقف عقبة أمام رابع أقوى جيش في العالم، ورمز المقاومة الإسلامية اللبنانية التي قاومت أسطورة الجيش الذي لا يقهر، فكانت العلاقة الاجتماعية رسمية بين أمين الحزب والجماهير المتابعة له عبر الصحيفة، فكان الخطاب مباشرا واضحا، ذا دلالة جلية.

بذلك حققت الصحيفة هدف خطابها السياسي الإعلامي وغايته في توجيه الناس نحو الصمود والتثبيت، ورفض العدوان والخضوع له، والإذعان لمطالبه، وتوجيه الجماهير نحو الحقيقة المفتقدة، والواقع المعتم بسبب تعدد الأقوال والإشاعات، وتبصيرهم بحقيقة ما يجري، والثقة بالحزب والمقاومة على الانتصار بالمعركة، معركة الأمة.

استراتيجية الإقناع

وهذه الاستراتيجية تعتمد على معيار هدف الخطاب، القائم على المستوى النفعي والمستوى الكلي، وهو ما يحث المتلقين على إدراك مضمون خطاب الصحيفة واستيعابه، خاصة مع ازدياد المعارضين لما قام به الحزب، ورشقه بالاتهامات؛ فأرادت الصحيفة الحصول على إرادة التلفظ لدى المخاطب من خلال خطابات أمين حزبها الذي تمثلته، فسعت إلى تحقيقه الغاية الأساس وهي إحداث تغيير في سلوك المتلقين، المتمثل في دعم المقاومة الإسلامية، والصمود معها، وعدم فتح ثغرات للعدو حتى يخترقها إن كان من الشعب، أو من السياسيين اللبنانيين .

ومن ملامح الإقناع، تسويغ عملية أسر الجنود من قبل الحزب، بالاعتماد على المداخلة القانونية للبروفيسور إدمون نعيم، التي تنص على أنه: "لو أن شبرا واحدا محتلا، فيحق لنا القيام بعمليات في تل أبيب"[1]، وذلك وفقا للقانون الدولي، وبينت منطق الإسرائيلي في الحرب المعتمد على تحميل المسؤولية للحكومة اللبنانية، فاستشهد برئيس السلطة الفلسطينية السابق ياسر عرفات، إذ كان مسجونا في رام الله، وحمله الإسرائيليون مسؤولية ما يحدث في الأراضي الفلسطينية المحتلة من انتفاضات[2].

وتمثل جل اعتماد خطابها في الإقناع على إقامة الموازنة بين صدق وعود المقاومة الإسلامية، وكذب إدعاءات إسرائيل، مع تقديم البينة والبرهان، مثل إثبات أن العدوان ليس ردا على أسر الجنديين؛ بل هو تخطيط مسبق لتصفية حساب المقاومة الإسلامية، والشعب اللبناني الداعم له، من خلال بيان نوعية الأهداف المراد قصفها وتدميرها، إن كان بشرا أو حجرا، خاصة في الجنوب، والضاحية الجنوبية في بيروت." وأن هذا كله في مخطط ولادة شرق أوسط جديد، مع تقديم المنطق له[3].

---

[1] انظر صحيفة الانتقاد، العدد 1170، 14 تموز 2006م، ص 7.
[2] انظر صحيفة الانتقاد، العدد 1170، 14 تموز 2006م، ص 8.
[3] انظر صحيفة الانتقاد، العدد1173، 28 تموز 2006م. العدد كاملا عرض طبيعة الأهداف، وما وراء ذلك، فكان العدد بعنوان (الجحيم)، وقدرة المقاومة على الرد وإذلال العدو.

احتاجت استراتيجية الإقناع إلى الوضوح والدقة، وعدم التعتيم على أي شيء سواء كان سلبا أو إيجابا، فتمثلت الصحيفة ذلك، وهذا ما أدى إلى نجاح هذه الاستراتيجية، إذ تغيرت نظرة اللبنانيين، والسياسيين للمقاومة الإسلامية اللبنانية في النصف الثاني من زمن الحرب خاصة، فعضد ذلك الهدف والغاية المبتغاة.

الاستراتيجية التلميحية

اتبعت صحيفة المستقبل في خطابها السياسي الإعلامي غير المباشر الاستراتيجية التلميحية، إلا أن التلميح لم يعتمد على الشكل اللغوي للخطاب وعلاقته بالمعنى فحسب؛ بل اعتمد على أمرين أولهما: المنهج الذي انتهجته الصحيفة في تقديم الخبر، ثم ترتيب الأخبار حتى يظهر ما تلمح إليه. وثانيهما: اللغة الوسطية التي تضمنها خطابها؛ حتى لا تثير أي طرف من الأطراف، أو تظهر ميلا نحو أحد دون الآخر.

كانت لغتها وسطية لينة مع جميع الأطراف، فلم تعتمد مصطلحات معينة، أو توجه ألفاظا إلى أحد الأطراف يستعملها طرف آخر، ولم تظهر حدة الألفاظ أو اتجاهها نحو طرف أو ميلها لطرف إلا من خلال الاقتباسات المتمثلة في جمل معينة أو عبارات معينة. من ذلك أنها نقلت ردود فعل الإدارة الأمريكية وإسرائيل، والآثار المترتبة على العدوان، من مثل: "وسعت إسرائيل دائرة أهداف حربها المفتوحة، حاصدة المزيد من الضحايا المدنيين والخسائر في المنشآت العامة

والخاصة..."[1]. وأكثرت من إيراد آرائهم وأقوالهم في الحزب والمقاومة الإسلامية اللبنانية، في حين أن الصحيفة لم تورد إلا فقرات صغيرة عن عملية الوعد الصادق، وما قام به حزب الـلـه، وبعض أقوال الحزب وآرائه، لكن ليس في الحرب بل في رده على الحكومة، وضرورة التعاون معه والوقوف في صفه.

وإذا ما قوبل بين مقدار ما أوردته الصحيفة كما ونوعا من إسرائيل وأمريكا، وجانب المقاومة الإسلامية وحزبها، يلمح المتتبع لذلك أن الصحيفة تلمح إلى عدم رضاها عما قام به الحزب، وجناه بفعلته، وضرورة إيقافه عند حده، وتمثل ذلك بالإكثار من ردود العدو التي تنادي بذلك، ودليله أن الصحيفة في اليوم الثالث والرابع للحرب قالت: "تطورات أمنية متسارعة طغت على ما عداها... يوم أمس بدا معها أن الوضع في لبنان دخل في منعطف خطير جدا..."[2]، وركزت على إيراد موقف الحكومة من حزب الـلـه، وموقف الأطياف المتعددة، والتيارات السياسية من عملية حزب الـلـه، وحللت بعض خطاباتها، فألمحت إلى عدم خوف حسن نصر الـلـه من مقولة: "إن الأمر لي" وعلقت على ذلك أن الأمر بدا وكأن السلطة بيده في بلد يجب أن تملى عليه ما يجب وما لا يجب، فهمش دور السلطة اللبنانية، وكأن الصحيفة ترفض أن يتصرف أمين حزب الـلـه وكأنه السلطة الآمرة: "وحذر قوى الداخل بألا يتصرف أحد بطريقة تشجع

[1] صحيفة المستقبل ، العدد 2325 ، 15 تموز2006 . ص 1.

[2] صحيفة المستقبل، العدد 223 ، 13 تموز 2006 ، ص 1.

العدو على لبنان ... وعلى الجميع أن يتصرف بوطنية"[1] .

كان التلميح يصب في أن عملية حزب الله هي بتخطيط سوري ـ إيراني، وتمثل ذلك بإفراد مساحات واسعة من الصحيفة في عدة أعداد[2] لوليد جنبلاط رئيس الحزب الديمقراطي الذي صرح: " بأن النظام في دمشق حول سوريا ولبنان لمصالحه الخاصة... وأبدى جنبلاط مخاوفه من التوسع الإيراني"[3] .

كذلك عرض نظرة الدول العربية مثل السعودية ومصر والأردن لحزب الله وعمليته، وما وجهته هذه الدول من انتقادات لاذعة للحزب، من قبيل أن أعماله مغامرة غير محسوبة العواقب، وأنها أعمال تصعيدية غير مسؤولة، وخاصة نظرة السعودية : " التمادي في عدوان إسرائيل ناتج عن انفلات بعض التيارات في قرارها، وهذه فرصة انتهزتها إسرائيل لشن حربها المسعورة"[4] . "وميزت بين المقاومة والمغامرات غير المحسوبة ، التي: " تقوم بها عناصر داخل الدولة ومن وراءها دون رجوع الى السلطة الشرعية في دولتها"[5] .

الواضح أن ما ألمحت إليه الصحيفة هو قيام حزب الله لعمليته دون الرجوع

---

[1] صحيفة المستقبل، العدد 223 ، ص 4.
[2] انظر المرجع السابق، العدد 2328، 18 تموز 2006م، والعدد 2335، 25 تموز 2006م، خاصة، والأعداد التي بينها عامة.
[3] المرجع السابق ، العدد 2330، 20 تموز 2006 ، ص 5.
[4] صحيفة المستقبل العدد 2324، 14 تموز2006 م ، ص 5.
[5] صحيفة المستقبل المرجع السابق، ص 5.

إلى الحكومة اللبنانية ومشاورتها في الأمر، وتقيم الحجة على حزب اللـه في ضرورة استئذان الحكومة والائتمار بأمر السلطة اللبنانية المشروعة، وجعل القرار بيد الحكومة التي تعد السلطة الشرعية داخل لبنان.

والسبب في استخدام الصحيفة لاستراتيجية التلميح؛ أنها وجدت نفسها في وسط مليء بالتيارات السياسية والطائفية المتصارعة، وأن أحد هذه التيارات طرف في الحرب، وفي منظورها أنه جر لبنان إليها وهو في غنى عنها، فلا ناقة له فيها ولا جمل، وترفض هذا الأمر، والطرف الآخر هو عدو لبنان والعرب مسلمين ومسيحيين، فإن كشفت عن غضبها لما فعل حزب اللـه، وعدم رضاها عن ذلك، أصبح مأخذا عليها وكأنها تساند العدو، وإن ساندت الحزب فهي تخالف مبدأ تنادي به، وهو الانضواء تحت لواء السلطة اللبنانية الشرعية.

لذلك كانت الاستراتيجية التلميحية مناسبة لخطاب صحيفة المستقبل السياسي الإعلامي؛ إذ لجأت في ضوء الظروف التي ذكرت إضافة إلى طبيعة سياق الأحداث إلى اعتماد هذه الاستراتيجية الخطابية المناسبة؛ لأن الصحيفة على علم أن المتلقي يعلم مبادئ تيار المستقبل الذي تنتمي له الصحيفة والأسس التي يقوم عليها.

الاستراتيجية التضامنية

أما في صحيفة السفير، فيظهر المعيار الاجتماعي القائم على نوع العلاقة بين طرفي الخطاب، فكما توضح سابقا أن صحيفة السفير تعد نفسها صوت الشعب اللبناني، ومنبره للتعبير عن نظرة الشعب ورأيه، لذا حاولت قدر المستطاع إنشاء علاقة حميمة بينها وبين الجماهير اللبنانية، فألغت الحواجز

والفروق التي تحول دون إنجاح هذا القرب في العلاقة، لذا كانت استراتيجيتها هي التضامنية.

اهتم خطابها السياسي الإعلامي لردود أفعال الجماهير اللبنانية قبل الأحزاب والجهات الرسمية، وألقت الضوء على مدى البهجة الشعبية للعملية، ومظاهر التهنئة والفرح بسماع هذا النبأ، وعقدت اللقاءات مع بعض أمهات الأسرى، ونقلت آراء الشارع اللبناني، كما تبين سابقا .

ابتعدت الصحيفة عن الدلالة المباشرة في خطابها، إذ قلصت اهتمامها بردود الفعل للأطراف السياسية على المستوى الإقليمي والدولي العالمي، مقابل توسيعها لدائرة اهتمامها بالداخل اللبناني شعبا وحكومة وأحزابا وقيادات، فتضامنت مع توحيد الصف اللبناني، وتضييق الهوة السياسية والطائفية المؤدية إلى التشتت والتفرق.

وتجلت الاستراتيجية التضامنية في خطابات الصحيفة من خلال الاعتناء بالجانب الثقافي لدى الجماهير، إذ أطلقت العنان للأدباء والكتاب والمفكرين والشعراء للتعبير عما يختلج في نفوسهم، ويعتمل في صدورهم دون قيد أو شرط، فكتب تميم البرغوثي قصيدة بعنوان أمير المؤمنين يقول فيها: "تحلقوا حول الشاشة الفضائية .. نظرت إليه ... أمير المؤمنين بعمامة سوداء .. علامة نسبه للحسين بن علي بن أبي طالب ... "[1].

---

[1] صحيفة السفير، العدد 10449 ، 20 تموز 2006 ، ص13 .

ومقالة أدبية بعنوان "صمت القبور" للروائي المصري إدوارد الخراط، وأخرى بعنوان "نقطة نور" للفنان التشكيلي المصري صلاح بيصار[1]، فتنوعت الكتابات بين التعبير عن أهوال الحرب، ونقد الأحوال العربية واللبنانية، وعن التوقعات المستقبلية في قالب أدبي نثرا كان أم شعرا، ما أسهم في إذابة أي حواجز في العلاقة بين الصحيفة ومتلقيها.

كذلك تضامنت مع المدنيين العزل الذين يكابدون ويعانون من ألم الدمار والقتل والتهجير، فعرضت حالات اجتماعية متنوعة وإنسانية، يكتبها رجل يسعف جرحى، أو فتاة تساعد نازحين، أو منقذ يعمل تحت الأنقاض، إلى غير ذلك من الحالات اليومية، وكيفية احتضان اللبنانيين في بيروت لإخوانهم من الجنوب اللبناني، والضاحية الجنوبية." آلاف الشيعة من الجنوب والضاحية مع بعض السنة والمسيحيين صاروا في أحضان المناطق الدرزية والمسيحية، وقد أظهر المحتضنون مسؤولية في استقبالهم وتقديم المساعدات لهم..." [2].

أما عن استراتيجيتها التضامنية في تحليلاتها فنبعت من محاولة إظهار الحال اللبناني، وإلام سيؤول إن استمر الأمر، فقراءة الصحيفة للواقع كانت تنبجس من النظر إلى مقدار الدمار المادي والمعنوي في جسم لبنان، وتفسير ذلك على أنه عدوان ليس هدفه الرد، إنما هدفه إبادة أي مقاومة إسلامية لبنانية، وتأديب كل من يدعمها ويقف في صفها، فألقت الضوء على الشهداء والمستشفيات والآثار الغريبة الماثلة في أجساد من أبيدوا بأسلحة لا يعرف حقيقتها.

[1] انظر صحيفة السفير ، الزاوية الثقافية من كل عدد .
[2] صحيفة السفير عدد 10459، 30تموز 2006 م .

لذا فمسعى الصحيفة هو الشعب اللبناني والتضامن معه من خلال إظهار مدى ألمه ومعاناته على المستويات جميعها، ونقل ذلك لجميع الأوساط السياسية والعالمية عن طريق إعلامها المكتوب، ولم يقتصر الأمر على ذلك بل نشرت رأي الشعب في مدى تضامنه ووقوفه مع حرب حزب اللـه إلى هذا الحد أو ذاك، فكان سبعون بالمئة من الشعب مع أسر الجنديين، وسبع وثمانون بالمئة مع تصدي المقاومة للعدوان، والأهم من ذلك أن ثلاثا وستين بالمئة من الشعب مع ما يرون من دمار وقصف ومذابح ومجازر يستبعدون الهزيمة لحزب اللـه وللبنان[1]. وهذا من أكثر مظاهر التضامن مع الشعب وإعلاء رأيه ونظرته، بعيدا عن القوى السياسية المحلية والإقليمية والعالمية.

أما فيما يتعلق بصحيفة النهار فقد اختلفت في منهجها عن الصحف الثلاث الأخرى، فالمتتبع لها يلحظ أن خطابها غير المباشر كان موجها نحو العامة والخاصة، بغرض إفهام الجمهور حقيقة ما يحدث، من خلال عرض وجهات النظر جميعها وتفسيرها، وتفنيد كل منها، إضافة إلى عقد الموازنات والمقابلات بين وجهتي نظر متضادتين، لكن رغم محاولة الإفهام، وبيان الواقع، ومقاربته مع الفكر، لم تحاول الإقناع بوجهة نظر دون أخرى، أو التلميح إلى أمر بعينه؛ لأنها كانت تصرح بآراء الأطياف المتعددة وتوازن بينها، وتوضح رؤيتها دون تدخل منها أو تلميح، ولم يكن خطابها تضامنيا مع المتلقين كما ظهر في صحيفة السفير،

([1]) انظر صحيفة السفير، العدد 10456، الخميس 27 تموز 2006م، ص4. هذه كانت نتائج استطلاع الرأي في الشارع اللبناني التي قامت بتنفيذه كادر من صحيفة السفير نفسها، وعرض النتائج ضمن جداول ونسب مئوية.

ولا توجيهيا لأنه ليست صاحبة سلطة في الحرب كما ظهر في صحيفة الانتقاد.

اعتمد خطابها السياسي على الإفهام والتوعية أكثر من غيره، لذا تتجلى عملية انتقاء الألفاظ وتطويعها، من خلال تبسيط أسلوبها، والموازنة بين الحاضر والماضي، وبين فريق وآخر، بالاستفهام الاستنتاجي، وسرد الأحداث عبر الإجابة عنه، فوفرت بهذا النهج جملة من الأمور أهمها: أنه تم مراعاة حقائق حدث الحرب والعدوان على لبنان، وحال الشعب اللبناني وحكومته وأحزابه وفئاته المختلفة، وتفعيل اللغة بمستوياتها الإنشائية والإخبارية للوصول إلى غايتها، وهي توعية الجمهور وتبصيرهم الوضع؛ ليحكموا بأنفسهم على اتجاههم وسلوكهم نحو الحرب، بعد عرض الآراء ووجهات النظر، والتعليقات عليها وتحليلها

لم تتبع الصحيفة الاستراتيجية التوجيهية، أوالتضامنية، أوالإقناعية، أوالتلميحية، مما أدى إلى طمس حقيقة انتمائها السياسي، وهو انتماء الطائفة المارونية المسيحية، وقدمت نفسها مزيلة للتناقض ما بين السلطة وبين الجمهور، وهذا ما بدا في خطابها، لكن يبقى هناك مجال للظن أن الصحيفة ليس لها انتماء سياسي، أو طائفي على الرغم من أنها لا تريد التدخل في معضلة استراتيجية، من وجهة نظرها لعبة يلعبها الأطراف الثلاثة حزب الـلـه، وإسرائيل، والإدارة الأمريكية في منطقة الشرق الأوسط.

لذا لا ضير إن خلا خطاب الصحيفة من استراتيجية متبعة، واستعاضت عن ذلك بسرد الأحداث، والتوعية والإفهام، بدلا من التوجه نحو أمر ما أو سياسة ما، أو اتجاه حزبي ما؛ لأن مبلغ همها هو ما مدى استمرار لبنان في تعرضه للاعتداءات الإسرائيلية؟ وهل سيتوحد اللبنانيون أم يتفرقون؟ هل هناك ثمن سيدفع لقاء أسر الجنديين؟.

وهذا جدول يوجز الاستراتيجيات الخطابية ومعاييرها وأهم ملامحها .

الاستراتيجية الخطابية	الصحيفة	المعيار المعتمد عليه	ملامح الاستراتيجية
الإقناع	الانتقاد	هدف الخطاب	- تبرير عملية أسر الجنود من الحزب، بالاعتماد على المداخلة القانونية. - إقامة الموازنة بين صدق وعود المقاومة الإسلامية، وكذب إدعاءات إسرائيل، مع تقديم البينة والبرهان
التوجيهية	الانتقاد	العلاقة بين طرفي الخطاب/ رسمية .	- توجيه الناس نحو الصمود والتثبيت، ورفض العدوان والخضوع له، والإذعان لمطالبه، وتوجيه الجماهير نحو الحقيقة المفتقدة
التضامنية	السفير	العلاقة بين طرفي الخطاب/ حميمة .	- الاهتمام بردود أفعال الجماهير اللبنانية العامة - الاعتناء بالجانب الثقافي لدى الجماهير - نشرت رأي الشعب في مدى تضامنه ووقوفه مع حرب حزب الله
التلميحية	المستقبل	الشكل اللغوي للخطاب	- لغتها وسطية لينة مع جميع الأطراف، فلم تعتمد مصطلحات معينة - وأكثرت من إيراد آراء وأقوال طرف أو أكثر على حساب طرف آخر

استراتيجيات الإعلام في الصحف اللبنانية

للخطاب استراتيجيات تعد مسلكا لغويا يلجأ إليها فاعل الخطاب؛ ليبلغ متلقيه الغاية المرادة، فللإعلام استراتيجيات تدفع بالأحداث للتطور والوصول إلى مفترق طرق، مثل الإعلان عن بدء الحرب، وإنهائها، أو السعي نحو السلام، أو عقد مؤتمر، أو قمة عادية أو طارئة، لكن المثير للجدل اعتماد الإعلام في استراتيجياته على الرؤى السياسية، فبذلك تصبح هذه الرؤى عاملا في تفاقم الأزمة لا عاملا في حلها.

والمتتبع لحرب لبنان، وما صاحبه من انتهاك إسرائيل لحرمة البلد بالتدمير والتهديم المادي، والذبح البشري، يدرك أنها حرب أججتها حرب إعلامية، حيث كان لها الأثر الكبير في دفع عجلة الحرب نحو ما سارت إليه، فالحرب دارت رحاها في لبنان على أسس عقائدية دينية، وهي الجهاد وتحرير الأرض العربية الإسلامية المغتصبة حتى آخر شبر منها، وأسس سياسية وهي محاولة إفشال مخطط استراتيجي مشترك بين إسرائيل والإدارة الأمريكية، يستهدف اقتلاع المقاومة الإسلامية لحزب الله؛ كي يتسنى إعادة ترتيب المنطقة وتهيئته لولادة شرق أوسط جديد، كما علل حزب الله.

ولعل التوقف عند بواعث هذه الحرب مدعاة للدخول في جدل لا ينتهي؛ لأن وجهات النظر تعددت واختلفت في رؤاها، لذا حري بالإعلام العربي مواجهة حقيقة التعدد في الرؤى السياسية، وأثر كل منها في الواقع، إضافة إلى مواجهة إعلام العدو المغرض والمضلل والضاغط.

ومن هذه الاستراتيجيات التي سلكها الإعلام:

- الإعلام وسيلة ضغط عبر تسريب معلومات وأخبار صحيحة أو أخبار خطأ .

استراتيجية جعل الإعلام وسيلة ضغط عبر تسريب معلومات وأخبار صحيحة، من شأنها دب الذعر في الطرف الآخر نفسه، فمنها استراتيجية نشر مناشير في سماء الجنوب اللبناني، التي استخدمها الإعلام الإسرائيلي، فكانت تدعو المدنيين اللبنانيين لترك منازلهم، والابتعاد عنها لئلا يطالهم القصف والتدمير بعد حين، مما ضغط ذلك على حزب الـلـه، بأن يجعل ساحات قتاله بعيدة عن الأماكن المدنية، وضرورة الخروج منها.

أما ما يقابلها من استراتيجية إعلام حزب الـلـه اللبناني، فتمثلت في إخبار أمين حزب الـلـه السيد حسن نصر الـلـه العالم، أنه إذا ما تم قصف بيروت فستقصف تل أبيب، وأنه قادر على قصف حيفا، وما بعد حيفا، وما بعد بعد حيفا، مما شكل وسيلة ضغط على الإدارة العسكرية الصهيونية وأربكها في عدم تقديرها لقوة حزب الـلـه التقدير الصحيح، والاستخفاف بقدراته الحربية، مما أفقدها ثقة الجماهير الإسرائيلية التي دب الهلع والذعر في نفوسها فغادرت مستوطناتها إلى الملاجئ البعيدة الآمنة.

وتكون استراتيجية الضغط أيضا بتسريب معلومات كاذبة أو خطأ، من شأنها الضغط على الطرف المستهدف على غرار ما نشر من نبأ خطف أمين الحزب حسن نصر الـلـه، وعمليات الإنزال والاجتياح لمناطق متعددة في الجنوب اللبناني، في حين أن القوات البرية الإسرائيلية لم تدخل إلا عدة كيلومترات معدودة، لكن أمين عام حزب الـلـه حسن نصر الـلـه كان مدركا لحقيقة ذلك، فكان يخرج على الناس ويلقي خطابا مباشرا توجيهيا، يوضح فيه الحقائق، ويكذب

الادعاءات الباطلة، ويبين أن الهدف هو الضغط على الحزب للتراجع والإفراج عن الأسيرين ([1]) .

- الإعلام أداة إملاء لموقف معين من طرف على الطرف الآخر .

ومن الاستراتيجيات الأخرى استخدام الإعلام بوصفه أداة إملاء لموقف معين من طرف على الطرف الآخر، وآية ذلك ما اهتمت به الوسائط الإعلامية بشأن المذابح والمجازر التي قام بها الصهاينة بحق الشعب اللبناني، فالإعلام الاسرائيلي تذرع بأن إسرائيل لم تقصف المدنيين؛ بل قصفت مواقع مستودعات الأسلحة الصاروخية، ومخابئ المقاتلين (الإرهابيين)، فالهدف من ذلك فرض موقف يحرج حزب الـلـه من خلال إظهاره بأنه المسبب للكارثة الإنسانية؛ لأن الإسرائيليين عدوا ذلك دفاعا عن أنفسهم، وهذا حق مشروع لهم، فالإعلام يتلاعب بالمواقف من خلال خطاب يخفي حقيقة القصف والتدمير، ويدرجه بوصفه حقا مشروعا، فهذه حقيقة بعيدة عن الواقع يصورها الخطاب السياسي الإعلامي ضمن استراتيجية إعلامية تسعى إلى تحقيق أغراض موجهة، وهذا ما يؤدي إلى استراتيجية أخرى وهي استراتيجية التعتيم الإعلامي.

- استراتيجية التعتيم .

ظهرت هذه الاستراتيجية جليا في الإعلام الإسرائيلي، وكان هدفها التضليل الإعلامي للجانبين (الجمهور العربي والجمهور الإسرائيلي)، وعدم إظهار إلا ما يصب في مصلحة الجانب الإسرائيلي، ويدعم وضعه العسكري والسياسي، وهذا ما فصل فيه الحديث في التضليل الإعلامي في الفصلين النظري والتطبيقي.

([1]) انظر صحيفة الانتقاء، العدد 1170، الجمعة 14 تموز 2006م، ص 7.

عوامل نجاح الاستراتيجيات الإعلامية

ونظرة فاحصة على واقع الإعلام العربي عامة، واللبناني خاصة، تظهر عوامل تساعد على نجاح الاستراتيجيات الإعلامية في مسعاها إلى جانب الاستراتيجيات الخطابية، إذا ما نظر إلى الإعلام نظرة شمولية كلية، مع إسقاط الغث، وإبقاء النافع المفيد، من هذه العوامل :

- المعلومة :

الاعتماد على المعلومة، حيث أصبحت المعلومة جزءا من إدارة الصراع العسكري، والإعلام بدوره يعد من أهم مصادرها، لذا تستطيع المعلومة التأثير في سياسة صناع القرار، وقادة الرأي، خاصة إذا اعتمد الإعلام على الثورة المعلوماتية، والتطور التقني الذي جعل العالم بين يدي المتلقي، فالمعلومة عبر الإعلام لا حد لها للوصول إلى من يشاء.

- تحرر الإعلام من سلطة الأنظمة السياسية الرسمية، والهيمنة الحكومية :

يعد من عوامل نجاح الاستراتيجيات الإعلامية في العالم العربي، وخاصة في لبنان، إذ اعتمدت الصحف اللبنانية على انتمائها لمؤسسات حزبية سياسية وطائفية، فأمن كل حزب أوجهة سياسية لصحيفته الدعم والحرية في نشر ما تريد، ضمن ثوابته ومبادئه، وتوجيهها لجماهيرها الخاصة وغير الخاصة.

إلا أن هذا الأمر يعد سلاحا ذا حدين، حده الإيجابي أنه أتاح هامشا كبيرا من الحرية في التعبير عن الرأي، وعرض وجهات النظر المتعددة التي أتاحت بدورها للجمهور الاطلاع على آراء الأطراف جميعها، أما حدها السلبي فتمثل في عكس الواقع السلبي، وظهور الانقسامات السياسية التي من شأنها إضعاف

الجبهة اللبنانية أمام عدوها، إضافة إلى إسقاط معادلة أن لبنان كله في حرب، إلى جعل الحرب بين طرف من لبنان وعدوه، مما هيج ذلك الوضع في الداخل اللبناني؛ لذا تراوحت خطابات الصحف بين مؤيد، ومعارض، ومحايد، ومنحاز تبعا لطبيعة الحزب السياسي أو الطائفي.

- الخطاب المؤدلج :

أما العامل الثالث الذي أسهم في نجاح الاستراتيجية الإعلامية هو الخطاب المؤدلج، فالمعلوم أن الحياد السياسي موضوعية كاذبة، فكل إعلام منتم إما لحزب أوعقيدة أو وطن، لذا ظهر الخطاب المؤدلج جليا، من مثل صحيفة الانتقاد كونها منبر حزب يعد طرفا في الحرب يوازي الطرف الآخر، من خلال الإقناع بالرؤية السياسية التي ينطلق منها لمواجهة الحرب، والتوجه المتمثل في توجيه الشعب والقوى السياسية لضرورة التضامن وعدم تشجيع العدو على العدوان واختراق وحدة الصف اللبناني، كذلك صحيفة المستقبل، وصحيفة السفير، كما تقدم سابقا .

لكن إذا ما نظر إلى هذه العوامل الثلاثة في الاستراتيجيات الإعلامية الإسرائيلية، فإن الناظر يلحظ افتقادها للمعلومة، وللحرية الفكرية، وحرية التعبير عن الرأي، تحت ذريعة تسخير كل الموارد لخدمة الدولة العبرية ودعمها للانتصار، كذلك افتقاده للتحرر من الهيمنة الحكومية وسلطة الدولة، لكنه يرتكز على العامل الثالث أدلجة الخطاب، المتمحورة حول إظهار صورة إسرائيل المدافعة عن أرضها (المحتلة من قبلهم)، وعدم السماح لأي كان بالتطاول على سيادتها.

يفهم مما سبق أن الإعلام يعتمد على استراتيجيات لتحقيق أهداف معينة إلى جانب استراتيجيات الخطاب السياسي الإعلامي، تجلت في جعله وسيلة ضغط على الطرف الآخر بنشر معلومات صحيحة معينة دون غيرها، أو تسريب معلومات كاذبة، وجعله وسيلة فرض لموقف على الطرف الآخر، أو تسخير الإعلام ليكون أداة من أدوات خلق رأي مساند أومعارض لطرف دون الآخر، وكله يعتمد على العوامل الثلاثة التي في مقدمتها المعلومة، التي لها صلة وثيقة في القرار السياسي، والتي تغير مجرى الأحداث، ليدعمها تحرر الإعلام من هيمنة السلطات الرسمية، ليتم أدلجته حسب داعمه وموجهه.

من هذا المنطلق حذر أمين حزب الله حسن نصر الله، ومجلس الإعلام في لبنان، من تحول الوسائط الإعلامية إلى لون واحد، فأولوية الإعلام الدفاع عن الوطن وحمايته، رغم حقها المتساوي في حرية الرأي، وحرية التعبير عن برامجها السياسية والإخبار بها، لذا يجب ألا تؤخذ التعابير السياسية لطرف ما دون آخر، بناء على هوى أو ميل سياسي، مما يؤدي إلى إثارة الخلاف وإضعاف المناعة الوطنية في وجه العدوان : " مجلس الإعلام يحذر المحطات من التحول منابر للون الواحد ... لاحظ المجلس الوطني للإعلام أن بعض المؤسسات الإعلامية لم يراع كما ينبغي ما قررته الحكومة ... علما أن الأعراف والقوانين في كل الدول الديمقراطية تفرض على الأداء الإعلامي التكيف مع مقتضيات أولوية الدفاع عن الوطن ...".[1]

---

[1] انظر صحيفة النهار، العدد 22720، السبت 2006/7/22م، ص6. وانظر صحيفة الانتقاد العدد 1170، الجمعة 14 تموز 2006م ، ص7

ومع تزايد اهتمام الإعلام بالسياسة أصبح ذا تأثير وحسم في صراعات القوى السياسية، وهذا ما أدركته إسرائيل، لذا سعت إلى الهيمنة على وسائل الإعلام الدولية، لتتحكم بتدفق المعلومة، ومن هنا يجب أن يتأتى الفهم العربي لمواجهة وسائل الإعلام، وخاصة الصحافة العربية، كما يجب السعي إلى إنجاح الاستراتيجية الإعلامية العربية التي أظهرت سابقا عوامل إنجاحها، ومدى توفرها لدى الإعلام العربي.

وربما يكون بلد مثل لبنان أرضا خصبة لنجاح الاستراتيجية الإعلامية، ومواجهة السيطرة الإسرائيلية على المعلومات، كون لبنان يتمتع بحرية الرأي، وتعدد الأحزاب والقوى السياسية في رقعة جغرافية تعد صغيرة مقارنة بعدد الأحزاب، ومدى تأثيرها في سياسة الدولة، لذا دار في فترة الحرب نزاع على مادة الأخبار التي يجب تغطيتها وتشكيلها، والمنظور الذي يجب أن تبث من خلاله، وهذا مالا يتوافر في دول عربية أخرى، حيث يخضع إعلامها للسلطة الرسمية، التي تفرض وتقرر ما الذي ينشر، وما هو الإطار الذي يجب أن يوضع فيه.

لكن ما يحول دون نهوض الإعلام العربي، وقدرته على المواجهة أنه إعلام متلق، وليس صانعا للخبر، إذ إن مصادره غير عربية تعتمد على وكالات الأنباء الأجنبية العالمية، التي تصوغ الأخبار وتنقل الحقيقة، بل تشوهها في أحيان كثيرة من خلال بث مصطلحات تم الاتفاق على إدخالها إلى العالم العربي، وتسويقها من القائمين على الإعلام الغربي.

تحليل الخبر السياسي وكيفية تwarده في الصحف .

- خبر إعلان الحرب .

الحرب على لبنان عند بدئها وإعلان خبرها، كأنه ليس الخبر ذاته، فالخبر واحد لكن لم تتناوله وسائل الإعلام المرئية والمسموعة بالطريقة نفسها، فقالت قناة الجزيرة: "المقاومة الإسلامية تعلن عن أسرها لجنديين إسرائيليين"[1]، بينما قناة أخرى نقلت عن وكالة أنباء أجنبية أن: "حزب الـلـه يقصف مواقع إسرائيلية حدودية" [2]. فالتباين واضح لا يحتاج للاختلاف حوله، والمصطلحات المستخدمة مختلفة، وتحمل أبعادا تؤثر في عملية تلقي الخبر، إذ إن عملية الأسر يقابلها قصف مواقع إسرائيلية حدودية، فمصطلح (حدودية) يدل على الاعتراف الكامل بسيادة إسرائيل على أرض احتلتها بل صارت أرضها ودولتها.

أما الصحف في لبنان، فلم تنقل الخبر ذاته، والسبب في ذلك إضافة إلى وكالات الأنباء الأجنبية أن كلا منها ناطقة رسمية باسم ألوان الطيف اللبناني السياسي والطائفي، فصحيفة الانتقاد أعلنت نبأها: "المقاومة الإسلامية تأسر جنديين إسرائيليين وتقتل ثمانية جنود"[3]، ثم أردفت هذا النبأ بنبأ آخر تبين فيه

[1] قناة الجزيرة، يوم الأربعاء 12 تموز 2006م.

[2] نقلا عن وكالة الصحف الفرنسية، ورويترز، ولم تذكر اسم القناة درءا من الدخول في جدل عقيم .

[3] صحيفة الانتقاد، العدد 1170، الجمعة 14 تموز 2006م، ص 2.

اسم العملية وأثرها: "عملية الوعد الصادق تذل جيش العدو وتذكره بهزيمته في لبنان"[1].

والملحوظ أن لغتها في الخبر السياسي استنهاضية تثير الدافعية والحماس؛ لأنها منبر حزب الـلـه الذي قام بالعملية، لذا لا بد من دب الحماس في لغتها ليظهر في خطابها فيحث جماهيرها على الفرح والابتهاج، وهذا ما زاد من مسؤولياتها تجاه حزبها من جهة، وتجاه جماهيرها من جهة أخرى، فكان في لغة خطابها الرقة والرأفة، والعبارات الرنانة المثيرة للنفوس، الباعثة على الصمود، المصحوبة بالعزم والحزم، فكانت صانعة الخبر وناشرته، وهذا ما أكسبها القوة الإعلامية في الحرب ومواجهة إعلام العدو، وإعلام الجهات السياسية اللبنانية الأخرى.

في المقابل أعلنت صحيفة المستقبل نبأها نقلا عن رويترز: "مقتل ثلاثة جنود إسرائيليين وإصابة ثمانية آخرين بجروح"2. ونقلا عن وكالة الصحافة الفرنسية قالت: "حزب الـلـه يقصف المناطق الحدودية"[3].

ثم استدركت اختلاف مدلول الخبر باختلاف المصطلحات المستخدمة فيه، فأعلنت أن "حزب الـلـه يأسر جنديين إسرائيليين ويعرض التبادل"[4]. بعد ذلك

1 صحيفة الانتقاد، العدد 1170، الجمعة 14 تموز 2006، ص 2.

2 صحيفة المستقبل، العدد 2323، الخميس 13 تموز 2006م، ص 12.

3 المرجع السابق. ص12 .

4 صحيفة المستقبل، العدد 2323، الخميس 13 تموز 2006م، ص1،ص2.

اهتمت بتهديدات الجانب الإسرائيلي والإدارة الأمريكية، وسبب ذلك اعتماد الصحيفة على المصادر الأجنبية، ووكالات الأنباء العالمية التي تداولت هذه الردود، بل واستفاضت بها، ولم تول الصحيفة شأنا للعملية إلا في نبأ مفاده أن "عملية الوعد الصادق تنتج تقاطع المسارين اللبناني والفلسطيني والقرارات بالتهدئة أو التصعيد"[1] فكأنما تسعى وراء ما سيترتب على الحدث وتداعياته، لا على الدافع وراء ذلك.

أما صحيفة النهار فقد استقت أخبارها من حزب الله فأعلنت: "المقاومة نفذت الوعد الصادق، وأسرت إسرائيليين وقتلت ثمانية"[2]، ثم ربطت بين الحدث وتداعياته بإعلان: "الوعد الصادق وحرب الجسور...عزة تتمدد إلى لبنان"[3]، ونقلت صحيفة السفير عن مصادر لحزب الله فأعلنت الخبر: "الوعد الصادق للبنان وفلسطين والعراق"[4]، ثم أردفت أن "المقاومـــة تأسر جنديين وتقتل ثمانية"[5] فنظرت إلى الحرب والعملية من منظور قومي عربي؛ لأنه في رؤيتها وعد صادق لما حل في فلسطين وخاصة غزة، وما حل في العراق، وما كان في لبنان.

---

[1] صحيفة المستقبل، العدد 2323، الخميس 13 تموز 2006م. ص2.

[2] صحيفة النهار، العدد 22711، الخميس 13 تموز 2006م، ص 8.

[3] المرجع السابق، العدد 22711، الخميس 13 تموز 2006م، ص 1.

[4] صحيفة السفير، العدد 10442، الخميس 13 تموز 2006م، ص 1.

[5] المرجع السابق. ص1

يتضح مما سبق أن الصحافة لها تأثيرها في تدافع الأحداث، لاعتمادها على الكلمة، التي تعمل في ذهن المتلقي، فتتعدى إلى خزن المصطلحات الثاوية في العقل الباطن للإنسان لتستقر فيها، ثم تصبح محددة لطريقة تفكيره، فصياغة الخبر ضمن مصطلحات معينة تشكل جبهة من جبهات الصراع، فقد ظهر أن الاستخدام الدقيق للمصطلح يسهم في خلق صورة إيجابية (المقاومة تأسر جنديين)، أو صورة سلبية (حزب اللـه يقصف مناطق حدودية لإسرائيل)، لذا يمكن استغلال ذلك في تضليل الرأي العام، ودفعه للميل إلى طرف دون آخر، وبذلك يوجه حركة المجتمع، عبر تكوين العقل الجماهيري.

وهذا ما أدى إلى تفاقم الأزمة في لبنان؛ لأنه لم يتوحد إزاء أي من قضاياه، وإن تعلقت بأمنه، فقد تجلت التعارضات في وسائل الإعلام وخاصة الصحافة اللبنانية؛ لأن كلا من الصحف تنطلق من كونها ناطقة رسمية باسم حزب ديني، أو سياسي، أو شعبي، فبعضها تناول الحدث بعناية ودافع عنه، وبعضها تجاهل الحدث لتعتني بردود الأفعال، وهل هو من الصحة بمكان أم من الخطأ بمكان؟ وبعضها حاول تحقيق السبق الصحفي من خلال الاهتمام بحال المدنيين، والإشارة إلى من يعانون ويلات الحرب ومآسيه، إلى غير ذلك من التوجهات.

وفيما يلي جدول يبين كيف توارد كل خبر في الصحف الأربع وينسحب عليها عملية التحليل ذاتها في الخبر الأول.

عنوان الخبر	التاريخ	الانتقاد	السفير	النهار	المستقبل
-1 عملية أسر جنديين إسرائيليين	13 تموز 2006	عملية الأسر عملية نوعية مذهلة وإنجاز وشكلت مفصلا مهما واستثنائيا في مسيرة صراع المقاومة ضد العدو المحتمل.	أكدت الحكومة الإسرائيلية أنها لن تسمح بعودة حزب اللـه إلى مواقعه على خط الحدود.	السؤال الذي يبقى مطروحا في الأوساط الرسمية والسياسية والشعبية، ولا يجد جوابا مقنعا عنه حتى الآن: لماذا تم خطف الجنديين الإسرائيليين في هذا الوقت بالذات أي في عز موسم الاصطياف وهو الموسم الذي حرص الجميع بمن فيهم حزب اللـه على توفير أسباب النجاح له.	عملية أسرالجنديين الإسرائيليين ناجحة بالمقاييس العسكري والقتالية بيد أنها بالحساب السياسي تكن كذلك إطلاقا.
عنوان الخبر	التاريخ	الانتقاد	السفير	النهار	المستقبل
-2 الحرب في	14 تموز	مجازر بالجملة ارتكبتها آلة	نوع الإسرائيليون	يوم دام آخر عاشه لبنان	واصلت إسرائيل

عنوان الخبر	التاريخ	الانتقاد	السفير	النهار	المستقبل
يومها الثاني	2006	الإجرام الصهيونية على مدى يومين في المناطق المختلفة مستهدفة البشر والحجر وزراعة الموت بين الأطفال والنساء وفي المنازل والمنشآت الحيوية.	في اليوم الثاني من عدوانهم المفتوح ضد لبنان بقطع طريق بيروت ودمشق الدولية.	وجنوبه أمس وسط تصعيد طال المطارات الثلاثة وتلفزيون المنار وتخللته سلسلة من مجازر تمثلت بهدم منازل على ساكنيها المدنيين مما رفع القتلى إلى أكثر من 50 والجرحى إلى ما يزيد عن مئة . وواصل الطيران الحربي قصف الجسور والطرق سعيا إلى إحكام عزل الجنوب.	عدوانها على لبنان لليوم الثاني على التوالي واضعة ما توعدت به موضع التنفيذ، ففرضت حصارا بريا وبحريا وجويا شاملا

عنوان الخبر	التاريخ	الانتقاد	السفير	النهار	المستقبل
3- قصف حيفا	17 تموز 2006	إن تحييد المصانع الكيميائية والبتروكيميائية في حيفا وهي تحت مرمى صواريخنا، حرصا منا على عدم دفع الأمور إلى المجهول، وعلى ألا يكون السلاح هو سلاح انتقام بل سلاح ردع .	صباح اليوم قصفت المقاومة مدينة حيفا في العمق الإسرائيلي مستهدفة محطة قطارات ومرفأ ما أدى إلى مقتل 9 إسرائيليين وجرح 30 آخرين نصفهم في حال الخطر. كما أدى إلى حال من الفوضى والرعب خصوصا أن المدينة تحوي مصانع للبتروكمياويات.	لم تهز انفجارات صواريخ حزب الله التي سقطت أمس في حيفا المدينة وحدها بل هزت الجلسة الأسبوعية لمجلس الوزراء الإسرائيلي فطالب جميع الوزراء بتصعيد الهجوم على لبنان.	وكان حزب الله ق أطلق صباحا على مدينة حيفا صواري من رعد2، ورعد3، أدت إلى مقتل 9 وجرح 20 في محطة قطارات.
4- قصف قناة المنار	17 تموز 2006	إنها المنار قناة المقاومة والتحرير وقناة العرب والمسلمين هو	استهدف العدوان الإسرائيلي قناة المنار،	إن تدمير العدو الصهيوني مبني على	تعرض مبنى قناة المنار التابعة لحزب الله

عنوان الخبر	التاريخ	الانتقاد	السفير	النهار	المستقبل
		شقيق المقاومة وإنها المنار صناع الانتصار	المقر بالأرز قيمته لكل الزملاء العاملين فيه الذين يحملون مصيرهم على أيديهم	التعتيم الإعلامي فتدمير تلفزيون المنار واستهداف مقر إذاعة النور، يمثل جميعا جرائم حرب موصوفة، وانتهاكا لجميع الأعراف والمواثيق الدولية	لقصف عنيف أدى إلى تدمير طبقاته العليا، مما أدى إلى توقف البث لبعض الوقت
5- محور المقاومة ومحاولات سياسية	21 تموز 2006	عشرة أيام مضت، كل العدوان الإسرائيلي على لبنان ولم يستطيع العدو خلال هذه الفترة أن ينال من إرادة الجهاد لدى المجاهدين أو عزيمية الصمود لدى اللبنانيين في مختلف المناطق اللبنانية	تراجعت المعطيات الميدانية وتقدمت المعطيات السياسية فيما بدا المستويان السياسي والعسكري في إسرائيل أمام مفترق طرق بعدما استنفذ	استمرت أمس الجهود الدبلوماسية الدولية لإيجاد مخرج للحرب الإسرائيلية على لبنان	... لكن الجديد البارز وسط استمرار العدوان على وتيرته، كان نجاح مساعي رئيس تيار المستقبل النائب سعد الحريري الذي يلتقي الرئيس

المستقبل	النهار	السفير	الانتقاد	التاريخ	عنوان الخبر
الفرنسي جاك شيراك لفتح الممر الإنساني الآمن بين بيروت وقبرص.		سلاح الجو الأهداف وفشل في القضاء على قوة حزب الله			
لبى متظاهرون في باريس دعوة حركة اليسار الديمقراطي للتظاهرة أمام مقر منظمة اليونسكو للتنديد بالحرب وسارت في العاصمة الأردنية تظاهرة نسائية منددة بالعدوان الإسرائيلي على لبنان وفلسطين	هتف مئات المصريين أمس بحياه الرئيس محمود أحمدي نجاد الذي يطالب بمحو إسرائيل من خريطة العالم واعتصم عشرات من الأردنيين أمام مكاتب الأمم المتحدة للتنديد بالهجمات الإسرائيلية على لبنان	تظاهر العالم وانتصارات دولية متزايدة عربية ودولية تدين العدوان وتدعو إلى وقفة	عمت التظاهرات الشعبية العديد من الدول العربية والإسلامية وامتدت فيما بعد لتشمل الجماهير اللبنانية والعربية في دول العالم . و ترفض تخاذل الأنظمة العربية الموالية لإسرائيل	21 تموز 2006	6- مسيرات تضامنية شعبية
وقررت مواصلة	أحكم الإسرائيليون	تحولت المواد الغذائية	أظهر مجاهدو المقاومة كفاءة	28 تموز	7- استمرار القتال وأضرار بالمدنيين

عنوان الخبر	التاريخ	الانتقاد	السفير	النهار	المستقبل
	2006	وإقداما منقطع النظير فاجأت العدو الذين فروا من المعركة تاركين عتادهم الحربي.	والخضار إلى أهداف عسكرية للطائرات المعادية، فالغارات تستهدف شاحنات نقل البضائع بحجة منع وصول الأسلحة إلى حزب اللـه.	في اليوم السادس عشر لعدوانهم عزل قضاء النبطية عن محيطه عبر أكثر من 50 غارة قام بها الطيران الحربي على أهداف في المدينة وقراها وإقليم التفاح حيث سقطت زهاء ذلك 14 إصابة	التوغلات المحدودة في لبنان وتكثيف الغارات الجوية على مدن لبنان وقراه

عنوان الخبر	التاريخ	الانتقاد	السفير	النهار	المستقبل
8- قصف البارجة الإسرائيلية قبالة صور	1 آب 2006	شكل قصف المقاومة الإسلامية للبارجة الصهيونية منعطفا جديدا في حربها ضد العدو الصهيوني وكانت ضربة قاسية للقوة البحرية الصهيونية لم يستطع العدو احتمالها إلا بإعلامه أنها لم تحصل.	لم يرد الخبر في الصحيفة	أعلنت المقاومة الإسلامية أنها قصفت بصواريخ بارجة إسرائيلية قبالة الساحل الصوري وإصابته. وذكرت مصادر أمنية لـ" النهار" في المقابل نقلت "رويترز " عن مصدر أمني إسرائيلي أن أي سفينة إسرائيلية لم تصب بصواريخ قبالة ساحل لبنان	أكدت الشرطة اللبنانية أن صاروخ أطلق على بارجة إسرائيلية فأصابها، لكن متحدث باسم الجيش الإسرائيلي ذ ذلك.
9- الهجوم البري الإسرائيلي بين الوقوع وعدمه	11 آب 2006	سواء كان إعلان العدو الصهيوني عن بدء الهجوم البري الواسع يحمل جدية كاملة	يصر رئيس الحكومة (إيهود أولمرت)	أفاد وزير الدفاع الإسرائيلي (عمير	أعلن رئيس الحكوم الإسرائيلية (إيهود

عنوان الخبر	التاريخ	الانتقاد	السفير	النهار	المستقبل
		أم لا فقد سجلت المقاومة الإسلامية انتصارا جديدا على جيش الأسطورة الذي لا يقهر.	ورئيس الأركان (دان حولتس) أكثر من الآخرين على رفض الحرب البرية.	بيرتس) أن الإسرائيليين سيستنفذون كل المسارات الدبلوماسية قبل إعطاء الضوء الأخضر للقوات العسكرية للتوغل في الأراضي اللبنانية إذا لم يكن هناك حسم دبلوماسي سيكون الحسم عسكريا .	أولمرت) تمديد توسيع العملية العسكرية أياما عدة في انتظار نتائج المشاورات الدبلوماسية .

يتبين من الجداول السابق مدى تماهي صحيفة الانتقاد مع موقف حزب الله، ورفع معنويات المقاتلين، وإظهار جبن الإسرائيليين وضعفهم، وأن مقاتلي الحزب لا يلقون بالا لقوة الإسرائيليين، وأن ما يبحثون عنه هو انتصار وسلام مشرف.

أما صحيفة السفير فقد كانت قريبة من موقف الانتقاد، وإن كانت أقل تماهيا مع مواقف الحزب مع التركيز على الدعم المحلي والعربي وإيران للبنان.

أما صحيفة المستقبل فكانت لا تركزعلى بطولات الحزب بقدر ما تظهر آثار العدوان والتدمير ومعاناة المدنيين، مظهرة دور النائب سعد الحريري في البحث عن السلام للبنانيين، ولبنان، والتعاون مع الدول الأوروبية، وأمريكا للبحث عن حل سلمي .

أما النهار فقد كانت متوازنة في عرضها للمواقف، رغم تركيزها على صمود مقاتلي حزب الـلـه، وصمود المدنيين، وتعاونهم بعضهم مع بعض لتجاوز العدوان وآثاره، وإبراز دور الدولة اللبنانية في التعامل مع الأوضاع للوصول إلى حل للأزمة . ويلحظ أن الصحف الأربع وظفت الصورة العامة لإبراز مدى الأضرار والخسائر ومعاناة المدنيين.

في حين على الجهة المقابلة نقلت الصحافة الإسرائيلية الأحداث لحظة بلحظة، وصورة بصورة، مستقية ذلك من طاقمها السياسي والعسكري، ضمن حال استنفار شديدة، فعكست بذلك هما وطنيا شاملا يجتمع عليه الإسرائيليون، رغم اختلاف منابتهم وأصولهم وآرائهم واتجاهاتهم، كذلك لم تتردد بالاستعانة بمصادر عربية مثل حزب الـلـه، محاولة منها لرسم صورة كاملة بعدما لقت تعتيما من جيشها، وبذلك يتبين أن الإعلام يعكس واقع السياسة بكل أبعاده، واختلاف أيديولوجيات القائمين عليها.

وفيما يلي رسومات بيانية مبنية على تحليلات إحصائية وجداول تبين موقف كل صحيفة من حزب الـلـه أثناء الحرب
وهي تمثل في الوقت نفسه ردود الفعل في الداخل اللبناني لأن الصحف تمثل توجهات الفرق اللبنانية[1].

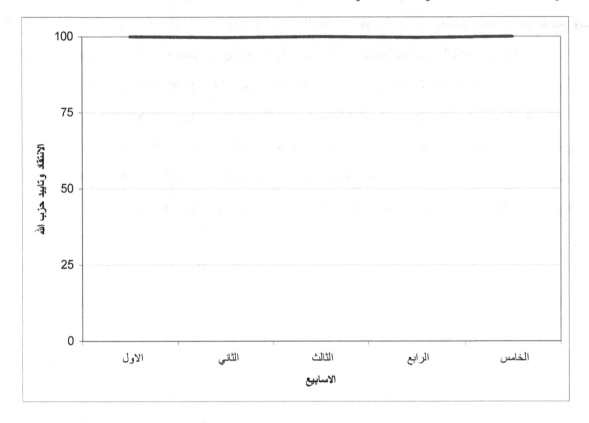

[1] هذا الرسم البياني وما يليه من رسومات بيانية أخرى مبنية على تحليلات إحصائية استخلصها الباحث من خلال تحديد محور أساسي وهو تتبع الأخبار السياسية
التي تدعم موقف الحرب وتسانده أو تعارضه في الصحف الأربع .

الانتقاد (تأييد حزب الـلـه)

ظلت الصحيفة على موقف واحد مؤيد لحزب الـلـه، وأظهرت أنه معتدى عليه، وأن إسرائيل خططت للحرب منذ زمن، وكانت قضية الأسرى هي الشرارة التي أطلقت الحرب، وأعطت إسرائيل مسوغا للحرب.

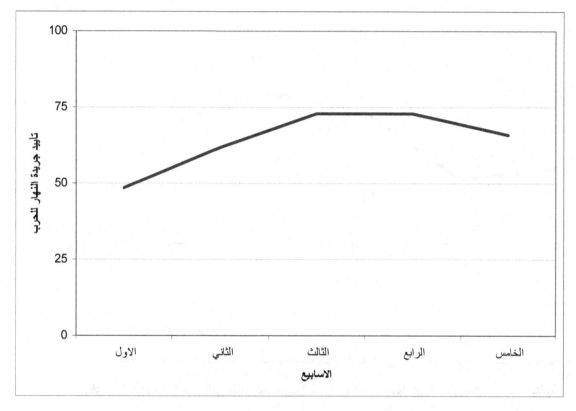

النهار وتأييدالحرب

ظلت النهار في موقفها المتوازن في تأييدها لحزب الـلـه والدولة من خلال عرض موقفيهما، وإيراد التحليلات السياسية حولهما.

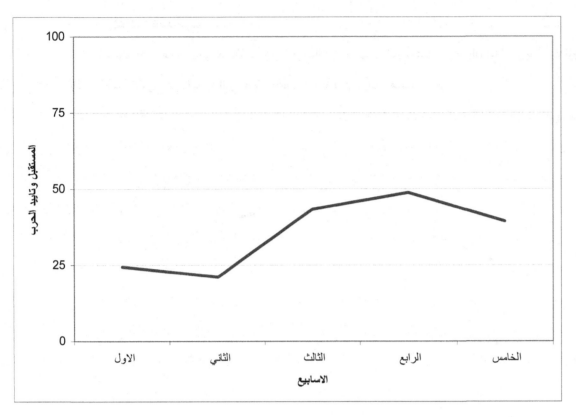

المستقبل وتأييد الحرب

لم تؤيد الصحيفة الحرب منذ البداية، وحملت حزب اللـه مسؤولية تصعيد الموقف وظلت تحمل فكر الدولة وموقفها،

وموقف دول الاعتدال العربي التي تقف ضد حزب اللـه، لأنها تعده ممثلا لإيران وسوريا في الساحة اللبنانية.

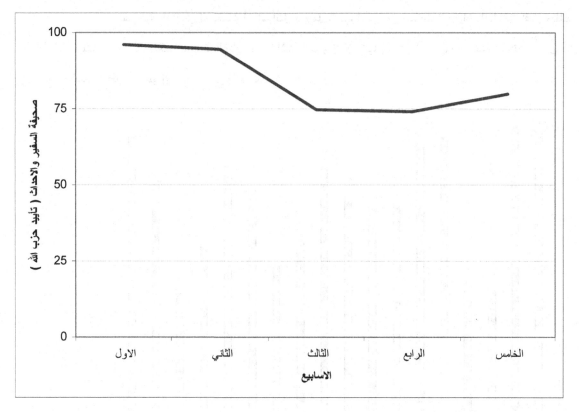

صحيفة السفير (تأييد حزب اللـه)

استمرت الصحيفة في تأييدها لحزب اللـه في حربه ضد إسرائيل، ودعم الحكومة اللبنانية، والموقف العربي المؤيد لحزب اللـه لكنها كانت تتأرجح بين القبول والرفض .

وفيما يلي رسم بياني يبين مدى تأييد الصحف الأربع مجتمعة لحزب اللـه في حربه ضد إسرائيل، حتى تعطي نظرة شمولية لخطى الصحف الأربع في أسابيع الحرب ومدى تأييد الحرب، ومدى تقلل تأييدها في فترة الحرب بين علو وهبوط في التأييد في رسم بياني واحد، إذ حافظت الانتقاد على التأييد المستمر، وكذلك السفير، في حين أيدت النهار الحزب بدرجة أقل دون أن تحمله

المسؤولية، إذ برأي الصحيفة أن إسرائيل تتحمل الجزء الأكبر من حدوث العدوان، أمـا المسـتقبل فظلـت تحمـل حـزب الـله المسؤولية، ولكنها دعمت القتال عندما اشتد العدوان الإسرائيلي الذي لم يفرق بين مدني ومقاتل، وكـان كـل جهـده تـدمير لبنان، وظلت تدعو إلى حل سلمي للحرب.

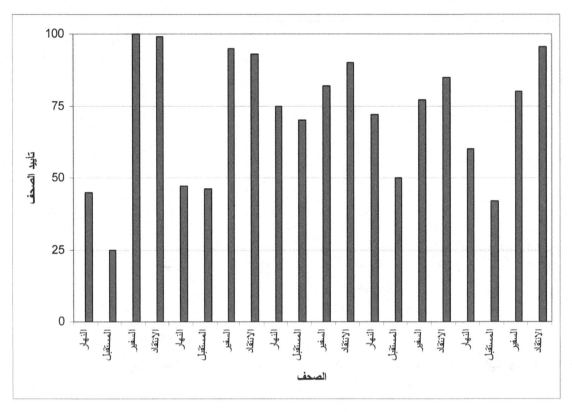

الصحف ومدى تأييد الحرب في أسابيع الحرب ومدى تفاوت تأييدها في فترة الحرب بين علو وهبوط في التأييد . ويمثل ردود الفعل في الداخل اللبناني .

من خلال نظرة شمولية للصحف الأربع، تبين أن صحيفتي الانتقاد والسفير ظلتا على موقفهما المؤيد لحزب الـله ضد إسرائيل، فيما ظلت المستقبل

تؤيد الدولة ومواقفها، وتحمل الحزب مسؤولية الدمار والحرب، فيما ظلت النهار في موقفها المتوازن في تأييدها لحزب الـلـه والدولة .

أما ردود الفعل فظهرت على الشكل الآتي :

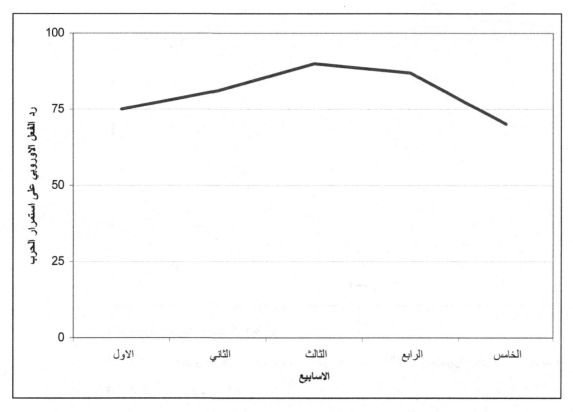

رد الفعل الأوروبي على استمرار الحرب

كان رد الفعل الأوروبي مؤيدا لإسرائيل في بداية المعركة، ولكن مع استمرار القتال وازدياد عد الضحايا، وخصوصا الدمار الذي ألحق بلبنان، وما ألحقه حزب الـلـه بإسرائيل، ظل موقفها مؤيدا في أغلب دولها، وإن ارتفعت الدعوات إلى البحث عن حل سلمي، وخاصة مع كثرة المظاهرات الشعبية المؤيدة لوقف إطلاق النار.

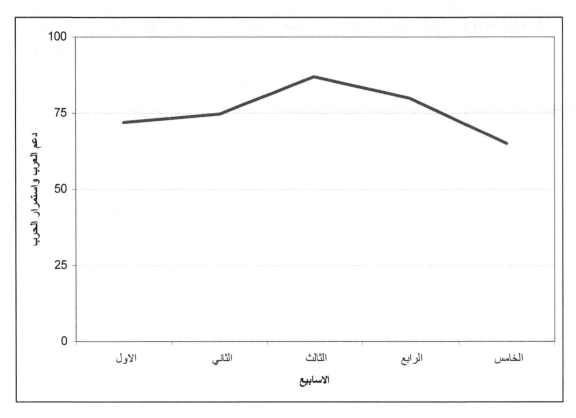

دعم الدول العربية واستمرار الحرب

انقسم الموقف العربي إلى قسمين المؤيد، والمعارض، ولكن شدة القتال واستمراره جعل المعارض يؤيد ولو ظاهريا، مع دعم موقف الحكومة اللبنانية.

ويظهر جليا البعد السياسي في الأنظمة الإعلامية؛ لأن صياغة الخبر السياسي ضمن خطاب إعلامي، يعتمد على طبيعة ما يعبر عنه من رؤية سياسية، لذا يتحتم على الخطاب الإعلامي السياسي تضمن مصطلحات ومفاهيم تقود إلى ما يرنو إليه، حتى لو اضطر إلى قلب المعاني وتشويه المدلولات، ومن هنا تأتي أهمية المصطلحات، وضرورة العناية بها في أثناء صياغتها؛ لأنها قد تؤدي إلى تغييب وعي شعب عبر تضليله مع طول المدة التي ترسخت فيها المصطلحات وخاصة المشوهة.

تحليل المضمون المتمثل في ألفاظ لغة السياسة الإعلامية في الصحف اللبنانية الأربع وتحيزها.

دلالات الألفاظ والمصطلحات.

امتلك الإعلام الغربي والإسرائيلي زمام المبادرة في توجيه المتلقي العربي وفي زمن العولمة خاصة، إذ تغلغل هذا الإعلام في الكثير من الصحف العربية بسبب تضمنها لأخبار نقلت عن الإعلام الغربي واليهودي، وترجمت ترجمة حرفية، فنقلت مصطلحاته كما حملت من معان ودلالات تخدم أهداف الإعلام الغربي داخل مجتمعاته، وهذا لا يمكن عده تلاقحا للأفكار بين الحضارتين، ولا ينطوي على أي دور إيجابي، بل يعد هذا نقلا أعمى للمصطلحات ومفاهيمها على عواهنها، دون تعرية لحقيقتها، أو تنقيح أو غربلة من لغويين مختصين واعين لحقيقة أثر ذلك في المتلقي العربي.

ثم أدرك الإعلام الغربي بواقع الإعلام العربي واعتماده على وكالاته، وترجمته للغته ترجمة حرفية، فبدأ بتسويق مصطلحات معينة في الإعلام العربي لتؤثر تأثيرا حاسما في خطاباته السياسية ولو بعد حين، فيتفاعل معها المتلقي العربي، عبر تكوين مرادفات حسية سلبية، فتؤثر بذلك في ميوله وتفكيره، ومن هذه المصطلحات:(متطرف، ومعتدل، ومتعصب، وناشط إرهابي، وانفصالي، وإسلامي). يقول تشومسكي: "هجمات إسرائيل في لبنان عبر السنين وصفت في الولايات المتحدة بأنها انتقام من إرهاب منظمة التحرير الفلسطينية، وكالعادة فإن تصنيفات الإرهاب والانتقام هي أيديولوجية أكثر من كونها وصفية"[1],

---

[1] أحمد بن راشد بن سعيد، قوة الوصف، دراسة في لغة الاتصال السياسي ورموزه، مؤتمر القاهرة، 2002م، ص9.

ودليل ذلك أن اعتداء إسرائيليا على لبنان يوصف بأنه (ضربة وقائية)، أو عمل انتقامي ضد الإرهاب، أو دفاع عن النفس. وسيذكر الباحث بعض المصطلحات التي امتدت في الصحف الأربع على طول فترة الحرب. وذلك على سبيل الذكر لا الحصر.

- مصطلح (الإرهاب) .

ومن هذه المصطلحات مصطلح الإرهاب الذي كررته إسرائيل في أثناء الحرب، ووصفت به عمل حزب الـلـه، فالإرهاب ترجمة لكلمة (Torrism) التي تعني الترويع والاعتداء بغير وجه حق؛ أي إنه يشبه البغي أو الظلم، وتم إدخالها إلى الإعلام العربي، وتداولها دون إدراك لأبعادها، إذ حملت تأثيرا سلبيا في نفس المسلم، والمسلمين القاطنين في الغرب خاصة، في حين أن معناها الاصطلاحي في الإسلام يختلف إذ قال تعالى: **(وأعدوا لهم ما استطعتم من قوة ومن رباط الخيل ترهبون به عدو الـلـه وعدوكم وآخرين من دونهم لا تعلمونهم الـلـه يعلمهم وما تنفقوا من شيء في سبيل الـلـه يوف إليكم وأنتم لا تظلمون)**[1] فالمراد إظهار القوة للعدو من أجل الردع، فالرهبة تردع وليس من أجل الاعتداء؛ لأن الـلـه تعالى قال: **(وقاتلوا في سبيل الـلـه الذين يقاتلونكم ولا تعتدوا إن الـلـه لا يحب المعتدين)**[2].

---

[1] سورة الأنفال، الآية 60.

[2] سورة البقرة، الآية 190.

- مصطلح (دولة إسرائيل) .

كرس الإعلام الإسرائيلي جهده لاختراق المنظومة الفكرية والثقافية للمجتمع العربي، من خلال بثه لمجموعة من المصطلحات المحملة بمضامين فكرية مستقلة من الأيديولوجية الإسرائيلية القائمة على العنصرية، فلو تم النظر في المصطلحات التي وردت في الصحف الأربع التي تصف إسرائيل من مثل: (الدولة العبرية)، و(دولة إسرائيل)، و(الحكومة الإسرائيلية)، لوجد أنها تسعى إلى بث فكرة وجود دولة، لها حقوق، وعليها واجبات، ولها سيادة على أرض، ولها حكومة، محاولة طمس حقيقة بدئها، وكيفية وجودها على أرض فلسطين، أما لو قوبلت هذه المفاهيم مع الفكر العربي الإسلامي التي وردت على لسان حزب الله، وأمينه حسن نصر الله لوجد أن أوصاف إسرائيل وردت في الصحف بـ(الكيان الصهيوني)، و(العدو الإسرائيلي)، و(دولة الاحتلال الإسرائيلية)، و(العدو الصهيوني)، و(دولة الإرهاب والقمع)، و(الصهاينة أو بني صهيون)، فهذه المفاهيم تدل على حقيقة كنه إسرائيل، من وجهة نظر من يراه كيان العدو المحتل، فهي دولة تفتقر إلى شروط الدولة الطبيعية. ومع حقيقة هذا الواقع الذي ربما أدركته بعض الوسائط الإعلامية العربية، فقد بات بعضها يتلقف مثل تلك المفاهيم المزيفة لما هو كائن في الواقع، ويعيد بثها ونشرها بما يتوافق ومنهجها، أو اتجاهها السياسي.

- مصطلح (حزب الله) .

ويتوضح أثر تباين المصطلحات في الخطابات السياسية الإعلامية إذا ما نظر إلى صورة حزب الله وأوصافه في أثناء الحرب على لبنان، التي وردت في الصحف الأربع كما نقلتها عن إسرائيل في أثناء وصفها لحزب الله بأنه (منظمة

إرهابية)، و(عصابة مسلحة)، و(كيان إرهابي)، ووصف أمين حزب الله حسن نصر الله بأنه (مخرب لبناني). ونقلت عن بعض المناوئين لسياسة حزب الله أنهم وصفوه بـ(ميليشيا)، و(دولة داخل دولة)، وأن زعيمها (متهور). في حين اختلفت المصطلحات والمفاهيم التي نقلتها الصحف الأربع عن الإعلام الداعم للقضايا العربية، الواعي لحقيقة تأثير المفاهيم في نفوس الجماهير فوصف حزب الله (بالمقاومة الإسلامية)، و(المقاومة الشعبية)، و(المقاومة اللبنانية الوطنية)، و(المقاومة الشريفة اللبنانية)، ووصف أمين الحزب بأنه زعيم عربي بل زعيم الأمة؛ لأنه قاد معركة الأمة ضد الكيان الإسرائيلي، كذلك رجال حزب الله ومقاتليه هم في نظر إسرائيل (إرهابيون) و(مقاتلون)، وفي نظر خصومهم (مغامرون) و(مقامرون)، وفي نظر داعميهم هم (مجاهدون) و(مدافعون عن كرامتهم) .

تصاغ الأفكار في الخطاب السياسي الإعلامي في الصحف اللبنانية الأربع على هيئة أوصاف لفظية لحدث معين، أو جهة معينة كما تبين سابقا، إذ تكمن قوة هذه الأوصاف اللفظية في قدرتها على تشكيل التصور الذهني للجمهور المتلقي، وتوجيه سلوكهم؛ لأن فئة من الجمهور يعول على الصحافة لتقييم الوضع العام، أو تحليل مبني على قراءة الأحداث، فإن تم تضمين تلك التحليلات ألفاظ وصفية معينة، مبنية على رؤى سياسية معينة، فإنها ستؤدي إلى تكوين تصور ذهني معين، يبنى عليه السلوك والاتجاه، وبذلك يتم التسلل إلى عقول الجماهير؛ لتجعلها هدفا لاقتحام فكري وسياسي.

- مصطلح (عملية حزب الله) .

فعملية حزب الله التي نتج عنها أسر الجنديين، وصفت بأوصاف لفظية

متباينة إلى حد التضارب أحيانا، فالصحف اللبنانية نقلت عن الإسرائيليين وصفهم لها بأنها (عملية استفزازية لإسرائيل)، و(عملية خطف)، و(عملية عنف غير مبرر)، و(عملية إرهابية)، و(أعمال عدوانية)، في حين نقلت وصف المعارضين للحزب وللعملية بأنها (مغامرة لا تخدم المصالح العربية)، و(مغامرة غير محسوبة)، و(عمل تصعيدي غير محسوب)، و(تصرفات غير مسؤولة)، ونقلت وصف من ابتهج بالعملية وشعر أنها ردت جزءا ضئيلا من كرامته وصفها بأنها (عملية الوعد الصادق)، و(العهد المقطوع) وأنها (عملية نوعية مباركة)، و(طعنة نجلاء في صدر الإسرائيليين)، وأنها (صدمة إيجابية كهربائية)، إذ تعد (علاجا من نوع آخر)، فهي (إنجاز نوعي)، و(عملية عسكرية تكتيكية ناجحة)، ونجاحها في كونها (ضربة مؤلمة)، و(لكمة قاسية) للعدو الإسرائيلي.

- الدلالات القصدية ومفاهيمها .

تتيح اللغة في الخطاب السياسي الإعلامي لصاحب قضية أو فكرة التعبير عنها حتى لو خالفت السائد، لذا تعددت التعبيرات التي أريد لها أن تتخذ دلالات قصدية لا مجردة، وبذلك تلونت لغة الإعلام بلون السياسة التي تصدر عنها[1]؛ لأن المادة الإخبارية اللغوية التي تم تداولها في الخطابات السياسية الإعلامية حول الحرب ليست سوى خليط من التناص السياسي بين الأحزاب السياسية المتعارضة، والعدو وفكره.

يعمد السياسيون إلى شحن ألفاظهم السياسية بقدر كبير من الدلالات، فيفرضونها على جماهيرهم، ويحملونها دلالات مواربة في أغلب الأحيان، من

(1) انظر ندوة اللغة العربية ووسائل الإعلام، جامعة البترا، 2001، ص 58، ص 59.

خلال إلصاقها بظلال المعاني، فتؤدي إلى تفريق وجهات النظر بين الجماهير نفسها[1].

فالكلمات بعينها قد تؤدي إلى خصومة أو صراع، وهذه الحروب القائمة هي حرب الألفاظ التي لا تدخر وسعا في تعبير كل فريق عن وجهة نظره وبث أفكاره، عبر محاولة إثارة العواطف والانفعالات والغرائز بالكلمات[2]، حيث أثبت علماء الدلالة أن الألفاظ تؤثر في الجهاز العصبي للإنسان، كما أن اختيار الألفاظ يساعد على التحكم في اتجاهات الناس وتصرفاتهم[3].

"ليست اللغة جامدة لنموذج واحد، إنما نحن نشكل هذه اللغة، ونضعها في القالب الذي نريد تبعا للموقف الذي نعبر عنه، إذن يتم التلاعب بالعبارات والجمل (الدال) ويتم فهمها حسب ما أوردت في (المدلول)"[4].

وخير مثال النظر إلى وصف عدوان إسرائيل على لبنان إذ ينطوي على تلاعب في العبارات الدالة على العدوان، فهي تارة عمليات عسكرية إسرائيلية في لبنان، وتارة أخرى عمليات إجرامية صهيونية. وهومرة اعتداء بربري وحشي همجي، ومرة أخرى انتقام عادل ودفاع عن النفس، ومرة عقاب جماعي، ومرة جزاء مناسب، فالتشكيلات اللغوية في الخطاب السياسي الإعلامي تتعدد دلالاتها حسب ما ينطوي عليه الاتجاه والمنظور، لا حسب ما هو كائن في

---

[1] انظر عبد العزيز شرف، علم الإعلام اللغوي، ص 134-135.
[2] انظر إبراهيم إمام، الإعلام والاتصال بالجماهير، ص 130-131.
[3] انظر المرجع السابق، ص 118-119.
[4] د.عيسى برهومة، صراع القيم الحضارية، ص 32-33.

الواقع، فما قامت به إسرائيل هو (حرب مسعورة، قامت على حقد، وتصفية حسابات) من وجهة نظر من آسى ويلات الحرب، وعاش القتل والدمار، وما قام به الإسرائيليون هو (رد انتقامي عادل، ورد فعل طبيعي) من وجهة نظر من يواليهم ويدعم منطقهم، أما من وجهة نظر ثالثة التي توصف بالمعتدلة فما قامت به إسرائيل هو (أعمال عنف في لبنان)، تدرجت من الحصار إلى القصف والتدمير، ثم إلى المذابح والمجازر، وبذلك تتحول إلى أعمال عدوانية فقط، وهذا بحد ذاته تحيز لغوي سافر.

الكلمات في الصراع السياسي والأيديولوجي والفلسفي هي أسلحة ومتفجرات، أو مهدئات أو سموم تطرح من خلال هذه الألفاظ والكلمات المستخدمة[1]، إذ تعد هذه الكلمات وتلك المصطلحات والعبارات محورا مهما من محاور تشكيل هوية الصحيفة، فضلا عن كونها إحدى المفردات الأساسية لخطابه السياسي الإعلامي، لذا يتحتم على الكلمات أن تتغير دلالاتها وفقا للمواقف والسياقات المصاغة فيه.

- دلالة مصطلح (إسرائيل).

ويعتمد ظهور التحيز اللغوي في الخطاب السياسي الإعلامي على التسلسل الزمني لاستخدام المصطلح، حيث استخدمت الصحف العربية في بادئ وجود إسرائيل مصطلح (العدو الإسرائيلي)، أو (الكيان الصهيوني)، ثم مع مرور الأحداث، وبناء العلاقات السياسية والاقتصادية، وظهور ما يسمى السعي

---

[1] انظر ديان مكدونيل، مقدمة في نظريات الخطاب، في مقدمة الكتاب

إلى السلام، ثم إبرام الاتفاقيات، تغير مصطلح (الكيان الصهيوني) إلى (دولة إسرائيل)، أو (الدولة العبرية)، أو (الحكومة الإسرائيلية)، وهذا ما ظهر في الحرب، فبعض الصحف رغم ما اقترفته إسرائيل من مجازر ومذابح، لم تنفك تستخدم مصطلح (الدولة الإسرائيلية)، أو (الحكومة الإسرائيلية)، كذلك تصوير المجاهدين والمدافعين عن الأرض ولو كانوا ضمن عصبة بـ(المغامرين) أو (المقامرين)، فهل المقامر بمنزلة المجاهد في سبيل الله، أو سبيل الدفاع عن الوطن؟ فالمراد أن التحيز اللغوي يظهر جليا في القضايا الجدلية، لذا في مثلها يجب أخذ الحذر والتيقظ لحقيقة أثر المصطلحات ودورها، كذلك اختلاف المعلومة ونقصها أو زيادتها.

- دلالة مصطلح (الشرق الأوسط) .

ولو نظر إلى قول وزيرة الخارجية الأمريكية: "إن ما يحدث هو مخاض لولادة شرق أوسط جديد"[1]، لوجد أن عبارة (شرق أوسط) تدل على المكان الجغرافي في المقام الأول، ثم يدل على اعتراف بوجود دولة إسرائيلية مشروعة؛ لأنه لو لم يتم الاعتراف بذلك لقيل منطقة العالم العربي الإسلامي، أو المشرق العربي الأوسط، أو المشرق الإسلامي، إلى غير ذلك من العبارات التي لا تدل على وجود غير عربي أو إسلامي، وعندما تدلي وزيرة الخارجية الامريكية بأن

---

[1] وردت في الصحف اللبنانية الأربع في تصريح نقل عن وزيرة الخارجية الأمريكية في الأسبوع الثاني من الحرب.

الاعتداء على لبنان عملية مخاض فهذا من شأنه أن يدل على رضا الإدارة الأمريكية بذلك، وسعيها إلى تحقيق تغيير في المنطقة ليتناسب مع مصالحها أو مراحلها القادمة، لذا ينطؤي نقل مثل هذا المصطلح على تحيز لغوي.

- دلالة مصطلح (هدف) .

وما يزيد من التلاعب بالعقول، والتأثير فيها، هو التحايل في المصطلح، أوالتورية فيه (Euphemism)، والمراد منه تلطيف العبارة حتى يتلطف وقع الحدث على أذن الجماهير، فلا يثير حفيظتهم إذا وصف الحدث بلطف، لا كما هو، ومن ذلك: كلمة (هدف)، فبدل أن يقال إن الصواريخ أصابت منازل مدنية وقتلت مدنيين، يقال: (أصابت الصواريخ أهدافها)؛ فيخفف ذلك من وطأة الخبر، وأثره في نفوس الجماهير، فكلمة (الهدف) جردت القتلى العزل من أطفال، وشيوخ، ونساء من إنسانيتهم، وساوتهم بالجمادات.

- دلالة مصطلح (أضرار).

ومثل ذلك كلمة (أضرار) فتكتب بعض الصحف نقلا لنتائج القصف أن (الصواريخ ألحقت أضرارا في الأرواح والممتلكات)، وهذا يخفف من حدة الخبر، وإثارة الشجون، فمتى كان القتل، والدمار، والهدم والذبح أضرارا؟.

- دلالة مصطلح (تخفيف التوتر).

وما يزيد الأمر سوءا تداول مثل هذه المصطلحات في الصحف العربية بعد نقلها من مصادرها الأجنبية، فالرئيس الأمريكي ووزيرة الخارجية يسعيان إلى (تخفيف التوتر) وهذه تورية يراد بها تخفيف تصاعد القتل والدمار والقصف

الإسرائيلي من قبل إسرائيل، فتخفيف التوتر يعني تخفيف غضب إسرائيل حتى يخف قصفها وحصارها قليلا، بدل إيقافه أو منعه، فالمعركة سجال، وليست نقاشا حتى يتصاعد التوتر أو يتناقص، فإذا ما تم ذكر حقيقة الخبر، وهو (تزايد عدد القتلى ونسبة الدمار ولا بد من محاولة لإيقافه) لأثار في النفس ما أثار لتغيير سلوك الجماهير واتجاهاتهم.

- دلالة مصطلح (حلول دبلوماسية) .

ومن ذلك تداول عبارة (حلول دبلوماسية) التي تناقلتها الصحف من المجتمع الدولي ومجلس الأمن، فأصبحت أغلب التيارات اللبنانية، والدول العربية المجاورة للبنان تنادي بضرورة إيجاد حلول دبلوماسية بين الأطراف المتنازعة، من خلال الاتفاق عليها، ونصها ضمن قرارات دولية، وحقيقة معنى حلول دبلوماسية أن الطرفين المتصارعين المتحاربين سيبقيان متجاورين، والحل بعقد هدنة مشروطة بينهما، أو دخول طرف ثالث للحيلولة دون تحاربهما مرة أخرى، وهذا بحد ذاته ليس حلا، بل تخديرا لحل سياسي يصب في مصلحة إسرائيل، حتى يعاد تقييم الوضع، ثم تقدم على خطوة جديدة مدروسة، فتكون صاحب المبادرة والسيادة، فعبارة (حلول دبلوماسية) أخف وطأة من قول (إن العدو الصهيوني لن يخرج من الأرض التي عليها، ويجب التفكير في حل مؤقت يوقف المعركة). ووظفت الصحف الألفاظ بإيجابية أو سلبية تبعا لما تريد تحقيقه في رسالتها، وتبعا لأهدافها .

وفيما يلي جدول يبين درجات اهتمام الصحف ببعض المفاهيم التي كثر تكرارها خلال الحرب موضوع الدراسة بناء على محاور أساسية[1].

المفهوم المراد تتبعه	السفير	النهار	المستقبل	الانتقاد
التركيز على رد الفعل العربي	كثيرا	متوسطا	متوسطا	كثيرا
إبراز الرأي الأمريكي	قليلا	قليلا	متوسطا	متوسطا
إبراز الرأي الإسرائيلي	كثيرا	كثيرا	قليلا	كثيرا
الحيادية في عرض مختلف الآراء	متوسطا	متوسطا	متوسط	قليلا
استعمال لغة الإثارة	كثيرا	قليلا	قليلا	كثيرا
التحليل للأخبار	متوسطا	متوسطا	قليلا	قليلا
تفسير الوقائع	متوسطا	متوسطا	قليلا	كثيرا
مقابلة الخسائر بين الطرفين	متوسطا	متوسطا	قليلا	متوسطا
وصف الظروف الخارجية المحيطة بالفكرة	متوسطا	متوسطا	قليلا	متوسطا

[1] اعتمد الباحث في هذه المعلومات على إحصائه لبعض المفاهيم التي كثر تكرارها في الصحف اللبنانية الأربع بعد تحديده للمحاور المفاهيمية المهمة في عملية الإحصاء بعد الاستقراء التام لها، مثل رد الفعل والحيادية وغيرها كما ظهر في الجدول أعلاه.

تقديم وجهتي النظر	متوسطا	كثيرا	قليلا	قليلا
تشويه الطرف الآخر	متوسطا	قليلا	قليلا	كثيرا
إظهار سلطة المخاطب	كثيرا	قليلا	متوسطا	كثيرا
تلميع الفكرة	كثيرا	متوسطا	متوسطا	كثيرا
محاولة إقناع القارئ	متوسطا	قليلا	قليلا	كثيرا
الأخبار التضامنية	كثيرا	متوسطا	قليلا	كثيرا

يلحظ من الجدول السابق أن الصحف الأربع ركزت على إبراز رد الفعل العربي؛ لإظهار التضامن مع لبنان ضد العدوان الإسرائيلي، وإن حاولت كل منها تحقيق هدف خاص بها، فركزت السفير والانتقاد على إظار مواقف الشعوب العربية أكثر من التركيز على رأي الحكومات، فيما ركزت المستقبل على رأي الحكومات التي كانت تقف بصف الحكومة أكثر منها مع موقف حزب الـلـه، وأما النهار فقد كانت في موقف متوازن، وإن كانت تميل إلى جانب الحكومة قليلا.

وأبرزت الصحف الرأي الأمريكي والإسرائيلي إبرازا واضحا؛ لتدلل على موقفهما المتفق على الحرب ضد لبنان؛ لردع حزب الـلـه، وللرد على الدول العربية التي كانت تريد من أمريكا البحث عن حل لإنهاء القتال.

لكن لم تلتزم الصحف الأربع الحياد الكامل؛ لأن القضية أصبحت قضية الوطن اللبناني، وليس قضية حزب الـلـه، وإن كانت على درجات، في أعلاها

كانت الانتقاد؛ لأنها في خندق واحد مع حزب الـلـه، وتتكلم بلسانه، في حين تبعتها السفير في التركيز على خطاب حزب الـلـه، دون إغفال الخطاب الآخر محليا وعربيا ودوليا، ثم النهار التي أبرزت بدرجة متوازنة رأي كل من الحكومة وحزب الـلـه وغيرهما، أما المستقبل فقد كانت تحمل حزب الـلـه مسؤولية الحرب، وتتبنى رأي الحكومة، وأفردت صفحاتها للتحليلات الموافقة لطرحها.

وقد قدمت الصحف اللبنانية الأربع كلها وجهات النظر المختلفة تبعا لسياساتها، مستخدمة التقديم والتأخير لإبراز الأفكار التي تريد التركيز عليها، وتأخير خبر من يخاف سياستها، أو إفراد مساحة أكبر لما تريد التركيز عليه، وتقليل مساحة الآخر، وحول الإثارة ركزت الانتقاد والسفير على التحريض ضد إسرائيل، ومن يقف معها ويؤيدها، وضد الدول العربية والأجنبية التي كان موقفها غير داعم دعما فاعلا لحزب الـلـه ولبنان، أما النهار فكانت متوازنة في طرحها لتحليلاتها وتقديمها الأخبار للمتلقي، في حين كانت تركز المستقبل على تحميل حزب الـلـه أسباب العدوان، وتدعو المواطنين للصمود، ومحاسبة المسبب بعد انتهاء الحرب، وفي الوقت ذاته تهاجم وتحرض ضد العدوان الإسرائيلي، وتطالب بوقفه.

وهذه المفاهيم السابقة وما أظهرته من نتائج تفصح في مضمونها عن التحيز اللغوي الماثل في لغة الصحف اللبنانية الأربع .

التحيز في لغة الخطاب السياسي الإعلامي للصحف اللبنانية الأربع .

تبين فيما تقدم دور المصطلحات في تشكيل فكر الجماهير، وأثرها في توجيه سلوكهم، اعتمادا على ظاهرة التحيز اللغوي التي بدأت في عقول الأطراف المتحاربة، من خلال استخدام مصطلحات وعبارات أقنعت الجماهير بأهمية الحرب وضرورتها، مثلما فعلت إسرائيل، فهي تدافع عن نفسها ضد منظمة إرهابية، وتحمي سيادة دولتها من مخرب لبناني، وما تقوم به هو عمليات عسكرية لردع الإرهاب، فبذلك خلقت صورة سلبية لعدوها، وصورة إيجابية لنفسها، دون إظهار رأي الآخر للجماهير الأخرى وخاصة العالمية والإقليمية، وهذا ليس من العدالة أو الموضوعية في شيء، وفي قضية جدلية مثل وجود إسرائيل في قلب الوطن العربي خاصة، إذ قامت إسرائيل بإغفال الحقيقة، وهي أنها اعتدت على أرض ليست لها ، وهجرت سكانها الأصليين من ديارهم، لذا شحنت الألفاظ كما ظهر سابقا حتى تحاول كسب تأييد الجماهير، أو أكبر عدد منها.

وظهر التحيز في بعض الصحف من خلال الانسياق وراء ما تبثه وسائل الإعلام الإسرائيلي والغربي من مفاهيم ومصطلحات، فأصبحت تحاكي منهجها، أو أيديولوجيتها دون الاهتمام بواقع الحال، وحقيقة توجهها السياسي، فعدم التحيز يجب أن يظهر من خلال لغة استنهاضية تعبوية واعية، تبث روح الأمل، وتبعد الإحباط والانكسار النابع من الانسياق وراء سجالات سياسية تشتت العقل، وتذهب التركيز نحو الهدف الأسمى.

ومن هذه الالفاظ التي تراوحت بين الإيجابية والسلبية من منظور الشعب اللبناني:

ألفاظ سلبية	ألفاظ ايجابية
قصف المدنيين	الانتصار
ارتباط حزب اللـه بسوريا وإيران	الصمود
حزب اللـه سبب العدوان	رد العدوان
مغامرة حزب اللـه	عملية الأسر عملية نوعية
تسليم الأرض و الاستسلام	تشجيع السلام
تدمير لبنان	معركة أمة
تهديد إسرائيلي بتدمير لبنان	إدارة المعركة
قصف منشآت إسرائيلية وتدميرها	مخطط إيراني وحزب اللـه تابع لسياسة إيرانية
قصف الأطفال والنساء	عدم قدرة حزب اللـه على الصمود
توغل القوات البرية في جنوب لبنان	القدرة على نقل المعركة من مكان إلى آخر
تحقيق خسائر فادحة مادية وبشرية	قلة الإمكانات
ضعف الحكومة	عدم سيادة حكومة لبنان على كامل أراضيه
وجود مليشيا وقوة غير قوة الجيش في لبنان	وجود جيشين في لبنان
قتال ضار وشرس	صعوبة المواجهة
إنهاء الحرب دون شرط	الحزم والتصميم

ألفاظ سلبية	ألفاظ إيجابية
خوض التحدي	شهداء ضحايا
لبنان ساحة تصفية حسابات	لبنان يحرر أسراه
تحرير الأسرى الإسرائيليين	أهداف في فلسطين
إهانة حكومة لبنان	الاعتداء الإسرائيلي
إرهابي	مجاهد
مقاتل	مدافع
هجوم إسرائيلي لتحرير الأسرى و تأديب لبنان	الدفاع عن سيادة إسرائيل
محاسبة سوريا	استنكار العدوان
عمليات غير محسوبة العواقب	عملية بطولية
عملية تخريبية	عملية الوعد الصادق
نزاع	حل سلمي للمشكلة
دولة داخل دولة	لبنان لا تسيطر على حزب الـلـه
مجازر وقصف وتدمير	اشتباكات عنيفة
التمادي في القتل والتدمير	تصعيد إسرائيلي
تدمير لبنان وإعادته عشرين عاما إلى الوراء	ضرب البنية التحتية
سلاح حزب الـلـه إرهابي تخريبي	سلاح مقاومة وردع
سلام خادع	شحن أيدلوجي لمقاتلي حماس

ألفاظ سلبية	ألفاظ إيجابية
استشعار الخطر	غطرسة إسرائيلية
حرب مفتوحة	عدوان شنيع
قتلى وضحايا	أهداف وإصابات
زعزعة الاستقرار والأمن	الإرهاب
تغيير معالم المنطقة حسب المصالح	شرق أوسط جديد
تواطؤ إيراني – سوري مع حزب الـلـه	مصالح خفية مع إيران وسوريا
العدد الأكثر مرارة	إغاثة النازحين
بترالمقاومة من جذورها	تعليم المقاومة درسا
مجموعات ظلامية	الوحدة الوطنية
الهزيمة والتمادي في قتل الضحايا	الصمود
إثارة الفتنة	موقف صارم لوحدة العدوان
تصرفات رعناء غير شرعية	تصرفات غير مسؤولة

وأمثلة ذلك كثيرة في خطابات الصحف الساسية في لبنان خاصة، فهي الأرض الخصبة لتعدد المناظير السياسية والطائفية، والاجتماعية، فالأعمال الإرهابية الإسرائيلية هي أعمال عسكرية وقائية للدفاع عن النفس، وقتل المدنيين هو سقوط ضحايا، وتدمير البنى التحتية والجنوب اللبناني هو تدمير مستودعات أسلحة لحزب الـلـه، والمذابح والمجازر هو جزاء عادل ومناسب.

لذا يجب معالجة مثل هذه المصطلحات والمفاهيم قدر وعي الإعلام العربي بحقيقة ما يواجهه من الغزو الفكري الغربي، فلا بد من غربلتها وإماطة اللثام عن ظلال معانيها، وتعريتها للجمهور العربي، ولابد للصحف من تحديد معجمها اللغوي والدلالي، من خلال ممارستها الفعلية؛ لأنه يعد مؤشرا على توجهها وحقيقة فكرها.

ويقود الاهتمام بالمخزون الدلالي للإعلام المكتوب إلى إدراك حقيقة الشكل اللغوي للخطاب، وطبيعة البنية الدلالية التي يقوم عليها، كون خطابه بنية لغوية مؤلفة قائمة على مجموعة من العلاقات اللغوية ضمن نسق معين، لتحقيق قصد معين يتوجه به إلى المتلقي، فللخطاب بنيتان دلاليتان يقوم عليها ليتحدد بها شكله اللغوي هما:

أولهما: البنية الدلالية الكبرى: وهي المتمثلة في الأفكار والمضامين والموضوعات التي تربط بين الألفاظ والتراكيب، فتشكل بناء دلاليا متماسكا للخطاب السياسي الإعلامي، وهذه المضامين تظهر عبر ترابط جمل الخطاب بجمل كبرى فتصبح لديها بنية يتماسك فيها الخطاب. ولما كان الخطاب الإعلامي السياسي يهتم بالمضمون والفكرة، اتسعت دائرة مدلولات الألفاظ وظلال المعاني، بل أصبحت الفكرة تظهر من خلال الأوصاف اللفظية المنطوية على مدلولات معينة، يراد إيصالها إلى فهم المتلقي؛ لأن القصد من إيصال أفكار معينة هو تحقيق توجيه لفكر المتلقي، ومن ثم إحداث تغيير في سلوكه.

وثانيتهما: البنية الدلالية الصغرى: وهي المتمثلة بالمفردات والمصطلحات داخل الخطاب، وما توحي به من معنى، ضمن تناسقها مع العناصر اللغوية الأخرى، وبما أن الخطاب السياسي الإعلامي قائم على نقل أحداث الحرب، فلا بد أن تكون أغلب المفردات والمصطلحات مستقاة من المعجم الحربي مثل عبارة "أمة تلتحم تحت حرارة الصواريخ"[1]، لكن لا بد من الاستعارات المستقاة من مجالات أخرى حتى تلطف جو الخطاب السياسي الإعلامي المشحون بالحرب وتوتر أحداثها، كما ذكر سالفا، مثل قولهم "أمطار الصيف" والمقصود بها إمطار إسرائيل جنوب لبنان بصواريخ الطائرات والبارجات ومدافع الهاون .

وفيما يلي تكرار لبعض الألفاظ االتي أوردتها الصحف خلال فترة الدراسة[2]:

	السفير	النهار	المستقبل	الانتقاد
العدوان الإسرائيلي	2500	2000	1222	340
العدوان الوحشي الإسرائيلي	2700	1900	1356	360
أعمال العنف الإسرائيلي	3045	2486	1250	326

(1) صحيفة السفير، العدد 10459، 30 تموز 2006م، ص 4.

(2) وهو إحصاء رقمي لبعض الألفاظ والمصطلحات التي كثر تكرارها في الصحف اللبنانية الأربع تم من خلال الاستقراء التام للصحف الأربع .

حرب مفتوحة	1156	1360	1262	385
حرب إبادة وحشية	920	1405	1140	464
انتقام إسرائيلي	2405	1456	1089	380
دفاع حزب الـلـه عن النفس	2600	2405	1121	465
قبضة إسرائيل الحديدية	1400	1325	1320	175
حرب لتصفية قوة حزب الـلـه	1500	1416	1171	425
انتصار حزب الـلـه ولبنان	2000	1850	1428	588
عمليات فدائية نوعية	1346	1256	1347	436
تحرير الأسرى	1900	1750	1466	389

يلحظ أن الصحف الأربع ركزت على حرب إسرائيل على لبنان، وعدوانها المتمثل بالانتقام من المدنيين الذين لا ذنب لهم في الحرب، إذ وصفت بالحرب المفتوحة لأن إسرائيل استعملت أنواعا متعددة من الأسلحة حتى المحرم منها، ولم تفرق بين مقاتل ومدني. فأشارت الانتقاد والسفير إلى أن الحرفية في عمليات مقاتلي حزب الـلـه النوعية وأنها تستحق التقدير، في حين عدتها المستقبل عادية، والنهار لم تصفها لا بالبطولية ولا بالعادية. أما المستقبل فحملت حزب الـلـه سبب قيام العدوان عزت الانتقاد والسفير السبب إلى إسرائيل، فيما أشارت النهار إلى أن إسرائيل ردت على أسر الحزب لمقاتلين إسرائيليين.

الثنائيات اللفظية .

تعددت المصطلحات الإعلامية حسب تعدد الرؤى السياسية، والاتجاهات المتباينة، وهذا ما أوقع الإعلام في حرج في اعتماد المصطلح الإعلامي المراد نشره، والمأخوذ من كبريات وكالات الأنباء العالمية، إذ يجد الإعلام العربي نفسه أمام ثنائيات لغوية عديدة، وفي أحداث مثل أحداث لبنان خاصة، وكثرة الجدل حولها لكثرة النزاعات السياسية الحزبية التي نشأت بسببها.

- ثنائية المقاومة والعنف .

فعملية حزب الله التي قامت على أثرها الحرب، هل هي عملية إرهابية أم عملية بطولية فدائية؟ هذه الثنائية قامت عليها الحرب، فأمين حزب الله حسن نصر الله وصفها بـ(عملية الوعد الصادق) والعهد المقطوع، وقد كرر ذلك في كل مرة يتحدث عنها في سياق المقاومة والدفاع عن كرامة الوطن وأهله، أما إسرائيل فقد نقل عنها وصفها بـ(عملية عنف غير مبررة) وعملية (إرهابية استفزازية لسيادة إسرائيل) في معرض الحديث عن الدافع وراء العملية، فكل من الطرفين يتوجه إلى جمهوره بالثنائية اللغوية المتضادة ليوضح له نظرة الخصم له؛ لينطلق منها كل طرف بإقناع جماهيره بأهمية ما قام به، وما سيقوم به، ونبل الأهداف التي تكمن وراء أعماله؛ حتى تتيح قدرا من الراحة والطمأنينة والصبر للجماهير، عندما ترى إراقة للدماء, وجثث الضحايا والشهداء، وأن هذا ضريبة تحقيق المسعى، وهذا جل ما اعتمدت عليه إسرائيل من خلال ما تبدى في الصحف اللبنانية أثناء نقل تصريحاتها وتعليلاتها، وهي تبرر لجمهورها، وجمهور العالم المجازر والمذابح التي ارتكبها بعد مضي النصف الأول من الحرب.

- ثنائية الهزيمة والانتصار .

لكن من الذي انتصر، ومن الذي هزم؟. نتج عن هذا التساؤل ثنائية الهزيمة والانتصار، إذ سموا الهزيمة بأسماء وأضافوا لها اصطلاحات جديدة مثل: الهزيمة السياسية، والهزيمة الاستراتيجية، والهزيمة العسكرية، وكذلك الانتصار، فالانتصار لدى حزب الله هو عدم السماح للإسرائيليين بتحقيق مآربهم ومخططاتهم، وهذه هزيمة لإسرائيل، لأن مجموعة دينية مسلحة صمدت أمام جيش لا يقهر، يعد رابع جيش في العالم، بل وصمدت في وجهه ثلاثة وثلاثين يوما، علما أن المدة المقررة للحرب هي عشرة أيام لمرحلتي القصف ثم الاجتياح. أما من وجهة نظر إسرائيل، فالانتصار لديهم ماثل في تدمير البنى التحتية للبنان، وإرجاعه للوراء عشرين عاما، وهزيمة حزب الله تكمن في تحميله مسؤولية الحرب، وتحميله ذنب القتل والتدمير الذي أصاب لبنان في بشرها وحجرها، هذه الثنائية تلتصق بها ثنائية النجاح والفشل.

- ثنائية العدوان والدفاع عن النفس .

وهناك ثنائية العدوان والدفاع عن النفس التي تقابلها ثنائية الإرهاب والمقاومة، فما قامت به إسرائيل هل هو عدوان أم دفاع عن النفس؟. إذ روجت إسرائيل لأفعالها بأنها رد عادل وجزاء مناسب للاعتداء على أرض إسرائيلية، وخطف جنديين، وأنه رد فعل طبيعي من دولة تحترم سيادتها وقانونها وشعبها، وإن تمادت في الرد فهو من دافع ردع الإرهاب ومحاولة قمعه، وهذا يتطلب تضحية ومعاناة، في حين أن لبنان تراه عدوانا آثما غاشما بربريا يخلو من الإنسانية، فهو ليس جزاء مناسبا ولا ردا عادلا؛ بل هو عقاب جماعي، وتدمير

وحشي ممنهج ومنظم، والتمادي في الرد هو مغالاة في العدوان والإجرام، فهي عملية انتقام إجرامي، والتضحية هي مشهد دموي تعطشت له الهمجية الإسرائيلية.

كثرت الثنائيات في مثل هذا الوسط الجدلي المشحون وتعددت، لكن لا يعتمد الأمر على ذلك، بل يعتمد على ماهية المصطلحات التي تستخدمها الصحف اللبنانية والعربية، فإن فهمت حقيقة الواقع، وحاولت تقريبه من الفكر الذي يشكل الواقع كما ينبغي ليس كما هو كائن، ستساعد في تلاشي هذه الثنائيات اللغوية المتضادة، وسيذهب الحرج من استخدام هذا المصطلح أو ذاك، مثل حال من يتساءل: هل العمليات الحربية المقاومة للاحتلال الإسرائيلي فدائية أم إرهابية؟ استشهادية أم انتحارية؟ حتى إن ثنائية الحاضر والماضي يجب أن تتلاشى فلا يقال (كيف كنا؟) فنعيش في أمجاده هربا من الواقع، وليس (انظر إلى حالنا!) فنتقوقع فيه، ونفقد الأمل، ونذهب فرصا ربما تغير الحال.

وأذكر من الثنائيات التي وردت في الصحف الأربع خلال فترة الدراسة ما يلي:

المقابل لها	الكلمة
مقابلها / إسرائيل	الكلمة / حزب الـلـه
أسر	تحرير
عمليات إرهابية	عمليات فدائية
هزيمة حزب الـلـه	انتصار حزب الـلـه
الفرقة	الوحدة
الاختلاف	التلاحم
معتدون	مجاهدون
عدوان	مقاومة
عصابات	مقاتلون
زعيم لبنان بأجندة غير لبنانية	زعيم لبناني
حكومة حزب الـلـه	الحكومة اللبنانية
دولة صديقة	دولة إرهابية
الحرب	السلم
استمرار القتال	وقف القتال
قتال عادي	إنجاز نوعي في القتال
عمل غير محسوب النتائج	عمل مخطط له
زعيم متهور	زعيم متعقل
الهدوء	الذعر
المقاتلون تردد	المدنيون ثبات

الإرهابيون	المقاومون
تدمير البنية التحتية	المحافظة على مكتسبات الوطن
قيادة متعقلة	قيادة رعناء
تصدي بطولي	عدوان
نصر مؤزر	هزيمة نكراء
مباغتة	استعداد
فرح المواطنين	حزن المواطنين
التزام	عدم الالتزام
مواقف صلبة ثابتة	مواقف متغيرة
مواقف إيجابية	مواقف سلبية
اليقين بالنصر	الشك بالنصر
بطء التحرك	سرعة الحركة
تناغم المقاومة مع الشعب	اختلاف المقاومة مع الشعب
الجيش الإسرائيلي الذي لا يقهر	الجيش الإسرائيلي من ورق
غطاء دولي	حياد دولي
انتصار وعنفوان	ترغيم الأنف
نظرية المؤامرة قوة السلاح نقطة التحول	نظرية التعاون حلول سلمية نقطة ثبات

تحليل المضمون المتمثل في تحليل الأنماط الخطابية في الصحف اللبنانية .

— تحليل منهج الصحف من خلال أنماطها الخطابية .

صحيفة الانتقاد .

لما كان الخطاب عملية تواصلية، مصدره فرد أو جماعة، لزم القدرة على تحديد النمط الخطابي المناسب؛ ليسهل عليه التأثير، فإذا ما تم النظر في لغة الأخبار السياسية في صحيفة الانتقاد، يلحظ أن خطابها كان مباشرا، إذ اعتمدت اعتمادا كبيرا على جمل وعبارات مقتبسة من خطب رئيس الحزب حسن نصر اللـه، إضافة إلى نقل خطبه كاملة، وكذلك نقلت البيانات الصادرة عن المقاومة الإسلامية نقلا حرفيا، التي تبين مجريات الحرب والمقاومة من القصف المتبادل، والاستشهاد في صفوفهم، أو سقوط قتلى في صفوف الأعداء.

أما خطابات حسن نصر اللـه، فكانت مباشرة واضحة في معالمها وأهدافها، ومبينة سبب إلقائه الخطب؛ لأن إنتاج الخطاب لديه ينبع من الثقة والمسؤولية، فالثقة أتته من امتلاكه زمام الأمور كما يظهر في خطاباته، وتحكمه مجريات الأحداث: "... نحن نعطي كل تفصيل في وقته، لكن متى؟ وكيف؟ وأين؟ الإسرائيليون اعترفوا أيضا بأن هناك أسيرين قد أسرا.....، هذا حقنا الطبيعي، وهذا هو الطريق الوحيد المنطقي الموجود....، ما نقوله نحن هو التالي، هذان الأسيران الموجودان عندنا لن يعودا إلى الديار إلا بوسيلة واحدة، هي التفاوض غير المباشر... "إذا ضربتم بيروت سنضرب حيفا... أنتم أردتم حربا مفتوحة، ونحن ذاهبون للحرب المفتوحة ومستعدون لها، إلى ما بعد حيفا،

وما بعد ما بعد حيفا"(1). "... الآن في عرض البحر، في مقابل بيروت، البارجة العسكرية الإسرائيلية التي اعتدت على بنيتنا التحتية، انظروا إليها تحترق، وستغرق ومعها عشرات الجنود الإسرائيليين الصهاينة، هذه البداية وحتى النهاية كلام طويل وموعد"(2). فالعبارات والجمل كثيرة في هذا المقام، لكن ذكر بعضها على سبيل الذكر لا الحصر.

تظهر ثقة أمين حزب الله العالية بنفسه وبحزبه من وعد ووعيد، وتعززت عنده من كونه لم يدع الإسرائيليين يحققون مآربهم، ويصلون لأهدافهم، ومن قدرته على المبادرة، وإرباك العدو، ومن عدم معرفتهم لمدى استعداده: " قيادة المقاومة الإسلامية تملك زمام المبادرة والسيطرة على إدارة المعركة"(3). "إذا أراد الإسرائيلي التفكير في أي عمل عسكري، وإذا كان هدفه استعادة الأسيرين فهو واهم واهم واهم حتى ينقطع النفس، لن تستطيع كل إسرائيل وبظهرها العالم أن يعيد هذين الأسيرين إلى ديارهما المغتصبة"(4).

أما المسؤولية فتنبع من فهم حسن نصر الله لمركزه بوصفه أمين عام الحزب المقاوم، فهو رمز القيادة الإسلامية اللبنانية من منظور مناصريه، حيث يستمد المقاومون الشجاعة والقوة في القتال من تشجيعه وثنائه عليهم، لذا يستحضر

(1) صحيفة الانتقاد (العهد)، عدد 1170، الجمعة 14 تموز 2006، ص 6 (الوعد الصادق).
(2) صحيفة الانتقاد (العهد)، عدد 1171، الاثنين 17 تموز 2006، ص 4 (الوعد الصادق).
(3) المرجع السابق ، ص 7 (الوعد الصادق).
(4) المرجع السابق، العدد 1174، الجمعة 4 آب 2006، ص 6.

هذه المسؤولية الملقاة على عاتقه، ويتجلى ذلك في تقديمه الشكر لكل من ساند حزبه ومقاوميه، و ضرورة صبر الشعب اللبناني، والتوجه بالخطاب المباشر لهم، ورفع القيمة المعنوية في نفوسهم، فيقول: "اليوم كان يوم الوفاء لسمير قنطار ويحيى سكاف،... وكل الأسرى في سجون الاحتلال"[1]. " أود أن أتوجه إلى عوائل الشهداء الذي قدموا أعز أحبائهم...، وأتوجه إلى الجرحى بالتحية، متضرعا إلى الـلـه سبحانه وتعالى أن يرزقهم ويمن عليهم بالشفاء والعافية، وأتوجه إلى أهلنا الصامدين في جميع المدن والقرى...، وأتوجه بالتحية لإخواني المجاهدين المقاومين الصابرين، والمستعدين للتضحية في سبيل ما يؤمنون"[2]. "أقول للشعب اللبناني: يا شعبنا العزيز الذي احتضن المقاومة وانتصرت به"[3]. "أيها الشعب اللبناني العزيز، ويا شعوب العالم التي يخفق قلبها لنا"[4]. "... في اليوم الثامن عشر من أيام العدوان الصهيوني الأمريكي الهمجي على لبنان، من واجبي مجددا أن أتوجه إليكم لعرض العديد من النقاط المرتبطة بمختلف جوانب المواجهة القائمة سياسيا، وميدانيا، وشعبيا، ورسميا"[5]. يتضح من عبارات حسن نصر الـلـه أنه واع لمسؤوليته تجاه ما يجري من أحداث، ويحاول إظهار الثبات والحنكة، وانضباط الأمور، حتى يدب ذلك في أوصال الشعب اللبناني ومقاوميه.

---

(1) المرجع السابق، العدد 1170، الجمعة 14 تموز 2006، ص 6.

(2) المرجع السابق، العدد 1170، الجمعة 14 تموز 2006، ص 4.

(3) صحيفة الانتقاد (العهد) ، العدد 1170، الاثنين 17 تموز 2006، ص 4.

(4) المرجع السابق، عدد 1173، الجمعة 28 تموز 2006، ص 8، (العدوان والرد الصاعق).

(5) المرجع السابق، عدد 1174، الجمعة 4 آب 2006، ص 6.

هذه المنهجية انتهجتها الصحيفة لتستأثر اهتمام أكبر عدد ممكن من الشعب اللبناني، فأظهرت صوت رئيس حزبها، وتوخت الدقة في مطابقة ما تنقله مما يتضمن خطابه من ثقة بالقدرة على خوض غمار الحرب، وتحمل المسؤولية أمام لبنان، وقوة تلفت انتباه كل من يتابع مجريات الأحداث، حتى إن ذلك تعدى حدود لبنان إلى فلسطين، فبعض فئات المجتمع الإسرائيلي كان يستمع إلى خطابات نصر الـلـه، عندما فقد الثقة في إعلامهم، وهذا ما أعلنه الشعب الإسرائيلي في استطلاع للرأي؛ إذ شعروا بمصداقية أكبر من مصداقية خطابات رؤسائهم الإسرائيليين، يقول نصر الـلـه: "أنتم أيها الصهاينة تقولون في استطلاعات الرأي أنكم تصدقونني أكثر مما تصدقون مسؤوليكم، اليوم أدعوكم قليلا لأن تسمعوني وأن تصدقوني"[1] ولعل هذا جزء من الحرب النفسية، لكنها فعالة في هدفها، وذات أثر في استقطاب عدد من الجماهير اللبنانية والدولية، وتوجيه مدراكاتهم نحو ما يصبو إليه.

لم يقتصر الخطاب المباشر في صحيفة الانتقاد على خطابات رئيس الحزب، بل تخلل ذلك المقالات، وعرض أخبار الأحداث وتداعياتها، والتأكيد على صدق وعود أمين حزبها، " أعلن الأمين العام لحزب الـلـه سماحة السيد حسن نصر الـلـه أن حزب الـلـه سيلجأ إلى كل وسيلة تمكنه من الدفاع، مبشرا إسرائيل التي اختارت الحرب المفتوحة بالهزيمة"[2].

---

[1] صحيفة الانتقاد (العهد). ، عدد 1171، الاثنين 17 تموز 2006، ص 4.

[2] المرجع السابق، عدد 1171، الاثنين 17 تموز 2006، ص 4.

اختارت صحيفة الانتقاد التابعة لحزب الـلـه أن تكون صحيفة رأي، لا صحيفة إخبار، حسب تقسيم الصحافة الجماهيرية المطبوعة عبر تاريخها إلى صحافة خبرية، وصحافة رأي، واكتسب هذا التقسيم صبغة نضالية وعقائدية في الأوساط السياسية والإعلامية العربية إبان النشاط المعادي للاحتلال الأجنبي، "حيث عدت صحافة الرأي أحد أركان هذا النشاط، وروجت السلطة الوطنية لهذا المفهوم خلال مراحل الاستقلال، فركزت على جدية صحافة الرأي وصدقيتها، ووصمت الصحافة الخبرية باللاالتزامية الوطنية"[1].

وانطلاقا مما سبق كانت صحيفة الانتقاد صحيفة رأي، لها التزامها نحو قضية الحزب التابعة له، إذ صبغت نفسها بصبغة حزبها النضالي، المنطلق من عقيدة ثابتة، فعبرت عن وجهة نظر الحزب، وفسرت منظوره للأحداث، ومجرياتها وتداعياتها، وكيفية أداء الحزب في فعاليات الحرب.

لذا لم تشغل الصحيفة نفسها بالرد على الادعاءات الموجهة للحزب والاتهامات، تأكيدا على نهجها بوصفها صحيفة رأي، بل اكتفت برد رئيس الحزب من خلال خطاباته على كلام الأطراف الأخرى وادعاءتها، داخل لبنان خاصة، وهذا ما أكسبها مصداقية أكبر من توليها الرد، فالرد ليس من صحيفة بل من أمين عام الحزب نفسه، وما على الصحيفة إلا نقل رد الأمين العام للحزب عبر خطاباته، وحواراته الصحفية والتلفزيونية، الذي كان ردا قويا، فلم يهتم بسفاسف الأمور، بل كان تركيزه وهمه منصبا على المعركة، إذ قال: "الوقت

[1] انظر د. فريال مهنا، المؤتمر العلمي الثالث (تحليل الخطاب العربي، بحوث مختارة)، ص 139.

الآن ليس وقت تصفية حسابات داخلية...، هناك معركة وطنية، ومن يرد أن يقوم بتصفية حسابات داخلية سيخسر، والبلد ستخسر"[1].

أما التزام الصحيفة بمسؤولياتها الملقاة على عاتقها تجاه الحزب وتجاه الشعب اللبناني، فتمثل في رفع معنوياته، وشد أزره ودعمه، من خلال توضيح صورة المقاومة في ثباتها ضد العدو، وإظهار أي ضرر لحق بالعدو، إضافة إلى إظهار حقيقة العدوان الإسرائيلي الهمجي، ومقابلته بحقيقة الدمار الذي لحق ببعض المستوطنات الإسرائيلية، وبيان واقع ما يجري سياسيا على مستوى لبنان، ثم الوطن العربي، ثم العالم أجمع.

يقول عبد الستار جواد: "وسائل الإعلام تضطلع بمهمات عديدة، غير نقل الأحداث، وتنوير الجماهير، إذ أصبحت اليوم تستخدم في صناعة الرأي العام، وليس لنقل وجهات النظر فحسب، بل إقناع الجماهير ببعضها"[1]. وهذا يظهر جليا في لغة أخبار صحيفة الانتقاد، كما تقدم ذكره، فهي لا تعطي الأحكام، بل تقدم للجمهور ما يدفعه إلى تحديد ميوله، ومدى حسن أو سوء الوضع الجاري. واعتمدت في ذلك على المقابلة بين ادعاءات العدو وتعتيمه عما يحدث، وصدق المقاومة ورئيسها نصر الله على أرض الواقع، فلم يقل إلا ما استطاع فعله أو إحداثه.

اختيار النمط المباشر للصحيفة في خطابها، واتباع حسن نصر الله لأسلوب مباشر واضح في خطاباته للشعب اللبناني، خلصها من سمة تهميش

---

[1] صحيفة الانتقاد، العدد 1170، الجمعة 14 تموز 2006م، ص 7.

[1] عبد الستار جواد، اللغة الإعلامية، ص 96.

الحقائق الواقعية، والبعد عن الواقع في عرض أخبار الحدث، التي طغت على بعض الصحف الأخرى، كما سيظهر لاحقا، وبذلك لم تغلب الصحيفة الرؤى السياسية المبنية على تحليلات سياسية، واستعاضت عن ذلك بما كانت تنقله عن أمين حزبها من حوارات وخطابات تضمنت موقفا واضحا.

هذا بدوره خفف من وطأة الاستبداد الفكري رغم وجوده، من خلال عدم تعرية الجهات السياسية الأخرى، أوالتوجه إليها بالنقد أوالاتهام أو غير ذلك، لكن بالمقابل أضفت الشرعية على اتجاه حزبها وأعماله الناتجة عنه، وإظهار مدى تخبط العدو، وعدم امتلاكه لزمام أمره، فالصحيفة اكتفت بتقديم ذلك لإيمانها بالمصداقية أمام الجمهور، وإدراك مدى أهميتها بوصفها منبرا إعلاميا جنبا إلى جنب مع قناة الحزب التلفزيونية، وحول تهديدات إسرائيل المستمرة تقول:(حتى الآن يرفع العدو الاسرائيلي من سقف تهديداته ساعة بعد ساعة، بشكل تصاعدي، مضيفا شروطا جديدة إلى لائحة مطالبه التي بدأت بطلب الإفراج الفوري عن الجنديين الأسيرين من دون قيد أو شرط...)[1].

صحيفة المستقبل

أما الصحف الثلاث الأخرى، فلم يكن خطابها مباشرا إلا إذا تعلق الأمر بما يقوله أمين حزب اللـه، أو يصرح به، فنقلت صحيفة المستقبل التابعة لتيار

---

[1] صحيفة الانتقاد العدد 1170، 14 تموز ص 2.

المستقبل برئاسة سعد الحريري خطابه حرفيا[1]، ولعل السبب يكمن في مدى أهمية خطابات حسن نصر الـلـه؛ إذ تشكل تحولا في مجرى الأحداث، لأنه في كل خطاب يكشف عن شيء جديد، ويعرض واقع الأحداث على الأصعدة جميعها، ويهدد عبر خطاباته، أو يحذر، أو يميط اللثام عن خطوته القادمة، التي طالما شكلت سرا حاول العدو معرفته، أو عن مدى استعداده، فكلماته في خطاباته تملأ فراغ انعدام المعرفة للجماهير، والناتج عنها، فهي بمثابة مصباح يكشف حقيقة الأمر، ببيان ما يحدث على الساحة، وتفسير مجريات الأمور.

وإذا ما أقصيت خطابات أمين حزب الـلـه في الصحيفة جانبا، ونظر إلى لغة أخبارها، وجد أن خطاباتها كانت غير مباشرة، إذ تمثلت أقوال بعض الأطراف من خلال إعادة صياغتها بعد فهم فحواها، ونقلت آراء الجهات المختلفة بأسلوبها ضمن تحليل تورده، وقد تقتبس بعض العبارات للتدليل على أمر ما، فصبغت الخبر بأسلوبها وصياغتها الخاصة، ثم وثقت بعضا منه بجملة بين علامتي تنصيص تأكيدا لما قالته، وخاصة عندما تتحدث عن رأي الحكومة اللبنانية، ورؤساء الأحزاب السياسية الأخرى في لبنان، وكذلك ردود فعل الجانب الإسرائيلي والأمريكي معا، علما بأن الصحيفة أكثرت من إيراد آراء وردود

---

[1] انظر صحيفة المستقبل، العدد 2325، السبت 15 تموز 2006م، ص 5. وانظر العدد 2327، الاثنين 17 تموز 2006م، ص 4. وانظر العدد، 2337، الخميس 27 تموز 2006، ص 4. بعض خطب السيد حسن نصر الـلـه على سبيل الذكر لا الحصر.

فعلهم في الفترة الأولى من العدوان، وموقف الحكومة اللبنانية من الأحداث.

راوحت صحيفة المستقبل في منهجها بين عرض الأحداث، ووصف الاتجاهات، وذكر الآراء، والتوقعات المستندة إلى قراءة المعلومات قراءة مباشرة، "اندلعت معارك واشتباكات عنيفة بين حزب الله والقوات الإسرائيلية، أدت في محصلتها إلى أسر المقاومة لجنديين إسرائيليين وقتل ثمانية وإصابة 21 آخرين، بالإضافة إلى استشهاد مواطنين لبنانيين وجرح العشرات وتدمير خمسة جسور شملت ... "[1]. " واصلت إسرائيل عدوانها على لبنان واضعة ما توعدت به موضع التنفيذ، ففرضت حصارا بريا وبحريا وجويا شاملا على البلد، وبعد أن دمرت الجسور ... فرضت إغلاقا للملاحة الجوية في مطار رفيق الحريري يعد قصف مدرجاته ..."[2] أعلن رئيس مجلس الوزراء فؤاد السنيورة أن لبنان بلد منكوب يحتاج إلى خطة نهوض عربية دولية سريعة وشاملة"[3]. فنقلت الأخبار دون تعليق منها، أو إبداء رأي في هذا أو ذلك، بل اقتصرت على نقل الوقائع والمجريات، فكأنها في بداية الحرب كانت صحيفة خبرية، وجمل لغتها وعباراتها جمل معلومات.

ثم تدرجت شيئا فشيئا إلى الدخول في التحليلات السياسية، مع تطور

[1] صحيفة المستقبل، العدد 2323، الخميس 13 تموز 2006م، ص 1.
[2] صحيفة المستقبل، العدد 2324، الجمعة 14 تموز 2006م، ص 1.
[3] صحيفة المستقبل، العدد 2326، الأحد 16 تموز 2006م، ص 2.

الأحداث وارتفاع وتيرة المجريات وتداعياتها[1]، من مثل: " في وقت يعتبر حزب الـله أن العدوان فاشل، وأنه لايزال بإمكانه المساعدة في الحل، بوجود احتمال تسوية شاملة الانتباه مطلوب إلى كيفية احتساب توازن القوى"[2].

" لا مخرج من المحنة إلا بتفويض لبناني للسنيورة وبدعم دولي"[3] . " تسارعت التطورات العسكرية جنوبا وأوحت بتحضيرات إسرائيلية جدية لعملية توغل بري في لبنان، ... وبدت فرص التوصل الى وقف لإطلاق النار لاتزال بعيدة خصوصا بعد رفض حزب الـله للخطة التي عرضها الأمين العام للأمم المتحدة كوفي أنان لوقف العمليات العسكرية"[4].

ثم مع تصاعد أحداث الحرب وتوتر أوضاعها، وتخطي العدوان للحدود الإنسانية، انتقلت الصحيفة إلى التحليلات السياسية، والطروحات الفكرية، وتقديم وجهات النظر المتعددة لما يجري، فتحولت إلى صحيفة رأي، تتضمن الآراء، والميولات، والاتجاهات السياسية، وتقدم توقعات مستندة إلى تحليلات

---

[1] وذلك في الفترة الزمنية الواقعة ما بين 2006/7/19 إلى 2006/7/23م، إذ أوردت بعض التحليلات السياسية لكن مع تركيزا أكثر على وصف ونقل المجريات.
[2] صحيفة المستقبل، العدد 2329، الأربعاء 19 تموز 2006م، ص 2.
[3] صحيفة المستقبل، العدد 2331، الجمعة 21 تموز 2006م، ص 2.
[4] صحيفة المستقبل، العدد 2332، السبت 22 تموز 2006م، ص 1.

سياسيين، وتحدد مدى حسن أو سوء الأحداث وتقلبها[1]، من مثل: "هكذا وقع اللبنانيون في فخ القراءة الاستراتيجية السياسية، ...، استغلت سوريا- الأسد التي أدخلت بندقية المقاومة - الحرب على اللبنانيين وفق المعادلة نفسها..."[2]

أما عن الآراء التي ذكرتها الصحيفة، ووجهات النظر التي قدمتها للأطراف المتعددة، فمنها وجهة نظر العدو(الإسرائيلي والأمريكي) المتمثلة بإعادة الجنديين المخطوفين دون شرط أو قيد، والتراجع عما يقوم به حزب الـلـه، ويقابلها وجهة نظر حزب الـلـه كما قدمتها الصحيفة المتمثلة في طلب الحزب المناصرة من الحكومة وعدم التخاذل، وعدم تشجيع العدو على العدوان، وأن الأسر هو الوسيلة الوحيدة لتبادل الأسرى والمعتقلين.

أما وجهة النظر الثالثة فهي للحكومة اللبنانية، وتمثلت في الاتصالات الهاتفية مع بعض رؤساء وزراء دول مختلفة؛ لتهدئة الوضع، وطلب عقد جلسات للوصول إلى حل يتمثل ببسط الحكومة سلطتها، واتخاذها قرارا وطنيا. من مثل: "قال رئيس الوزراء السنيورة: إن الحكومة قامت بمساع حثيثة ...، وبمجموعة اتصالات تناولت الدول الكبرى على مستوى رؤسائها بشكل مستمر"[3].

---

(1) ذلك في الفترة الزمنية الواقعة ما بين 2006/7/23 إلى نهاية الحرب، وازدادت التحليلات والآراء خصوصا في 2006/7/29،28،27،26،25 مع تصاعد وتيرة التدمير والقصف والرد، ومؤتمر روما وموقف الحكومة اللبنانية، وصمود الشعب.

(2) صحيفة المستقبل، العدد 2335، الثلاثاء 25 تموز 2006م، ص 2.

(3) صحيفة المستقبل العدد 2354،، 13 آب، ص 2 .

إلا أن اللافت للنظر أن الصحيفة اهتمت بعرض وجهة نظر رابعة لرئيس اللقاء الديمقراطي وليد جنبلاط في هذه الحرب، الذي اعتبرالحرب الجارية إيرانية ـ سورية من إحدى ضفتيها، إسرائيلية ـ أمريكية من ضفتها الثانية. قال: " إنما لبنان هو"ساحة" هذه الحرب"[1]، ومفادها أن عملية حزب اللـه هي بتخطيط سوري ـ إيراني مشترك، فهي حربهم على أرض لبنانية، والمراد منها تحويل أنظار العالم عن الملف النووي الإيراني، والمحكمة الدولية لسورية.

يروم الباحث من ذكر الآراء السابقة التي عرضت أن يبين أن صحيفة المستقبل ركزت على نشر تحليلات لسياسيين لهم اتجاهاتهم الأيديولوجية والسياسية المؤيدة لخطها، فأدخلت نفسها في متاهات سياسية، وأصبحت ـ دون قصد ـ تروج لطروحات تخدم جهات دون أخرى، من شأنها إبعاد الصحيفة عن الواقع، ما أوقعها في سمة تهميش الحقائق الواقعية مقابل تغليب الرؤى السياسية للأحزاب السياسية والطائفية المحلية والإقليمية والعالمية، كما سبق إذ انساقت وراء التحليلات التي تصب في أن الحرب بين أمريكا وإيران[2].

---

[1] صحيفة المستقبل ، العدد 2328، 18 تموز، ص 2.
[2] انظر تحليل نصير الأسعد ، بعنوان "بين مقتضيات التضامن الوطني وموجبات الخوف على البلد والدولة" العدد 2324، 14 تموز، ص2، و تحليل لكريم مروة بعنوان"لبنان في قمة الخطر في مواجهة العدوان الإسرائيلي 1و2، في العددين 2333و2334، بتاريخ 23 و24 تموز، ص 3.

وهذا ما ساقها إلى ظهور الاستبداد الفكري، إذ لم تتنبه إلى حقيقة التحليلات السياسية، وطبيعتها المؤدلجة المخفية وراء ستار قراءة مجريات الأحداث، والتعليق عليها، فتارة لبنان ليس ساحة لغيره، وتارة عملية حزب الـلـه تتماشى مع أجندات سورية إيرانية، وتارة حزب الـلـه وقع ضحية لمؤامرة، وتارة هذه العملية مغامرة غير محسوبة، إلى غير ذلك من التعليقات والتحليلات المبنية على آراء الاتجاهات السياسية المتعددة، ووجود النظم السياسية المتعارضة، مما خلق فجوة بين الواقع والفكر ونظرة المجتمع، ودليل ذلك أن موقفها في بادئ الحرب يختلف عن موقفها في الثلث الأخير من الحرب[1].

والباعث لتقديم وجهات النظر المتعددة هو علم صحيفة المستقبل بأنها أمام جمهور مثقف سياسيا، يمتاز عن غيره من الجماهير العربية الأخرى بثقافة عالية في السياسة والحرب، بسبب ما عاناه من حروب وويلات في تاريخه، لذا قدمت الصحيفة الآراء ووجهات النظر المتعددة للأطراف جميعها، ظنا منها أن ذلك يشبع رغبة المتلقي اللبناني؛ لأنه لا يكتفي بمنظور واحد لما يجري على أرض الواقع، فأرادت إظهار ردود الفعل المحلية، والعربية، والعالمية، وجانب

[1] كانت في بادئ الحرب تذكر اسم (حزب الـلـه) فقط وأن نظرتها له: أنه جر لبنان إلى حرب هو في غنى عنها، ثم في الثلث الأخير أصبحت تصف (حزب الـلـه) بالمقاومة الإسلامية اللبنانية، لرضاها عن أدائه في الحرب، من خلال قدرته على تدمير عدد من دبابات العدو وإسقاط عدد من جنودهم قتلى، انظر صحيفة المستقبل، العددين 2334، الاثنين 24 تموز 2006. و2335، الثلاثاء 25 تموز 2006، ص6.

العدو حتى تفي بموقعها السياسي التابع لتيار المستقبل، الذي له مكانته السياسية والحزبية في لبنان.

صحيفة النهار .

أما صحيفة النهار التي تمثل الاتجاه الماروني المسيحي، فقد التزمت بالخطاب المباشر فيما يصدر عن حسن نصر اللــه [1]، ونقلت خطاباته حرفيا، لتكون موضوعية في الطرح، ولإقناع جمهوره بسياسة حزبه واستراتيجيته في الحرب داخليا وإقليميا، وباعتباره وسيلة مؤثرة لرفع معنويات الشعب اللبناني والشعوب العربية؛ ولحمايتها من التعرض للإشاعات المتناقلة، أو للأخبار مجهولة المصدر.

أما سوى ذلك فخطاب الصحيفة، فكان غير مباشر، إذ كانت تستقي المعلومـات والأخبار، ثم تقـوم بصياغتها بأسلوب خاص تعهدته الصحيفة، وهو أسلوب السرد غير المباشر للأحداث، إذ يتم تفعيـل الأسـاليب الإنشائية، والاستفهام وخاصة، ثم تسرد الأحداث والوقائع عبر الإجابة عن هذه الاستفهامات المطروحة: "هل تشكل "حرب الجسور" التي شنتها إسرائيل أمس على الجنوب، الموجة التمهيدية للرد الانتقامي الواسع على عملية "الوعد الصادق"؟

---

[1] بالإضافة إلى نقل خطاباته حرفيا وكاملة، كانت في أخبارها الأخرى تستشهد ببعض أقواله بما يخدم الفكرة المطروحة في الخبر أو المقال، انظر على سبيل الذكر لا الحصر صحيفة النهار، العدد 22771، الخميس 13 تموز 2006م، السنة 73، ص12.

وهل يشكل هذا الرد ما يتخوف منه كثيرون من تحوله امتدادا لما يجري في غزة إلى الجنوب ولبنان؟ "[1].

وقد كان أسلوبها الخطابي دقيقا مستسرسلا من مثل: " وفي المعلومات التي استقتها "النهار" من مصادر "حزب اللـه" أن ...، وقد تمكن مقاتلو حزب اللـه من قصف ناقلة جنود مدرعة، كان فيها ثمانية، فقتل ستة منهم، وأسر اثنان...، ثم أطلقت زخة من الصواريخ لتوفير التغطية لسحب الأسيرين"[2].

يجد المتتبع للصحيفة أنها في خطابها غير المباشر، تبرز تفاصيل دقيقة، وتعرضها وكأنها قصة، لها أحداث وسيناريو، مستخدمة لغة قوية متينة، فتتميز في خطابها عن نسق اللغة الصحفية في خطابات بعض الصحف الأخرى، خاصة عندما تريد تقريب الواقع بالصور والتشبيهات، علما أن المعلومات تكون جامدة في ذاتها، خبرية في بنيتها، فتحولها الصحيفة إلى حية في سردها، إنشائية في بنيتها، " ... فإذا بكل ما توقعوه وانتظروه، واستعدوا له، وحلموا به يندلق فوق الركام، مثلما يندلق سطل الماء في رجمة، وإذا بدنياهم تنقلب...، وما بين طرفة عين والتفاتتها تحول الحلم كابوسا مرعبا "[3].

حاولت صحيفة النهار تتبع نهج صحيفة الانتقاد، بذكر تفاصيل الأحداث بالتاريخ، والوقت بالساعة والدقيقة، والمكان المحدد الموصوف، ولم تمر

---

(1) صحيفة النهار، العدد 22711، الخميس 13 تموز 2006م، السنة 73، ص 1.

(2) 'لنهار، العدد 22711، الخميس 13 تموز 2006م ، ص1.

(3) صحيفة النهار، العدد 22711، الخميس 13 تموز 2006م، السنة 73، ص 12(نهاريات).

عنها مرورا سريعا، كما فعلت بعض الصحف الأخرى، لكن هذا لم يؤثر في منهجها التحليلي للأحداث والوقائع، ولم يكن هذا على حساب ذاك، فقد قدمت تحليلا دقيقا لمجريات الأحداث من خلال أسئلة تطرح، وعرضت آراء للأطراف المتعددة ووجهات نظرهم، لكن بأسلوب مختلف، إذ كانت تطرح تساؤلات، ثم تعرض الاحتمالات السلبية والإيجابية الممكنة لكل تساؤل على حدة، فكأن كل تساؤل يروم هدفا محددا، وإذا ما نظر إلى هذه التساؤلات جميعها، فإن الناظر سيجد أن كل تساؤل يكشف عن وجهة نظر أحد الأطراف، وآرائه حول الحرب والعدوان، ليصل في نهاية مطاف مقال التحليل الإخباري إلى خلاصات تحليلية مباشرة جدا ومختصرة، دون مراوغة أو محاباة.

وبهذا النهج توضح صحيفة النهار آراء الأطراف، وتفسر وجهات النظر المتعددة، وتبين المواقف الموالية أوالمعارضة لمجريات الأحداث، وتداعياتها، وأسبابها من مثل: " هل أعطى الرئيس جورج بوش بقوله إن سوريا يجب أن تحاسب على أفعالها ضوءا أخضرا لإسرائيل لإمكان توجيه ضربات عسكرية في إطار ما يسمى حقها في الدفاع عن نفسها "[1]، ومن هذه التساؤلات التي تكشف عن وجهة نظر أحد الأطراف : "إذا كان الأسير اللبناني عزيزا على قلب ذويه، فإن من سقطوا قتلى من أجل إطلاق أي أسير، أعزاء أيضا على قلوب ذويهم،

[1] انظر. صحيفة النهار العدد 22712، 14 تموز 2006 ، ص 1. وانظر صحيفة النهار، العدد 22711، 13 تموز 2006م، السنة 73، ص2، ص 9، ص 12.

فكيف إذا لم يؤد سقوطهم إلى إطلاق أي أسير في إسرائيل؟"[1]. "من يمسك بقرار السلم والحرب في لبنان"[2].

تعد صحيفة النهار صحيفة رأي؛ لأنها تلتزم بإنارة مسرح الأحداث للقارئ، إذ تهتم به كثيرا، وهذا يتجلى من خلال مخاطبة عقل الجماهير ومنطقهم، عبر بناء تحليلاتها، وقراءاتها الواقعية المنطقية على المواقف المتخذة تجاه العدوان والحرب، وما ينتج عن هذه المواقف من أقوال وأفعال وردود أفعال، ثم توازن بين الوضع القائم والحال الجارية، والأوضاع السابقة التي مرت على لبنان من مثل اجتياح لبنان سنة 1982م، وعناقيد الغضب سنة 1996م :" إسرائيل تسلط آلتها التدميرية وسط ظروف مستعادة ومتغيرة ... عناقيد غضب أخرى ولكن بلا تفاهم نيسان"[3]. فتقابل مواقف الأطراف ذاتها في الأحداث السابقة، وردود أفعالها وما طرأ من تغير في سياساتها، أو تطور في توجهاتها. والتزمت بواجبها نحو جمهورها بالجرأة في التحليل والموازنة، وإظهار جميع المواقف وتفسير وجهات النظر المتعددة دون محاباة أو مداهنة، عبر طرح الأفكار المتداولة، وعرضها بطريقة محببة تكسب احترام الأطراف المشتركة في هذه

[1] المرجع السابق، العدد 22713، 15 تموز 2006 ، السنة 73، ص 3، تحليل إخباري، وانظر ص 10.

[2] المرجع السابق ، ص2 ..

[3] صحيفة النهار، العدد 22712، 14 تموز 2006م السنة 73، ص2، والعدد 22713، 15 تموز 2006م، ص2.

الأحداث، مما ساعدها على التخلص من الاستبداد الفكري في خطاباتها ولغتها، أوتعنت أيديولوجي، فأنقذت خطابها ولغة أخبارها من الحجاج الأيديولوجي، من خلال التحليل القائم على الموازنة بين الحاضر والماضي، ومدى كشف التشابه في ردود الأفعال والمواقف مع اختلاف الظروف المنشئة لها.

بذلك حاولت الاقتراب من الواقع وعدم تهميش ما هو كائن، وتغليب ما ينبغي أن يكون، وما تريده الرؤى السياسية المختلفة، فلم تلق بالا للقراءات الخطية المباشرة، والتحليلات المتعددة المبنية كل منها حسب منظور اتجاهها السياسي، لكن إن أرادت الصحيفة عرض آراء معينة، فإنها تعرض قراءتين متضادتين وتفسرهما ثم توازن بينهما[1].

كما أنها لم تقتصر على آراء الأطراف اللبنانية أوالعربية فحسب، بل نقلت آراء الصحف العبرية، وأقامت موازنات بينها، لتقف على حقيقة الأوضاع من منظورها، فنقلت عن صحيفة (معاريف) رأيها الذي يرى: "أن استمرار الحرب ليس في مصلحة إسرائيل لأن الحراك الدولي أصبح ضد إسرائيل، ...، إضافة إلى

---

[1] انظر صحيفة النهار ، العدد 22714، 16 تموز 2006م ، ص4 ، وص6 .
ففي أحد تحليلاتها أعادت تقيم الوضع لقراءتين مختلفتين إحداهما: نظرة الأطراف اللبنانية الأخرى وخاصة نظرة اللقاء الديمقراطي الممثل بجنبلاط وهي وقوع حزب الله أسير مساومة إيرانية سورية معا، من أجل إبعاد النظر عن الملف النووي الإيراني، وشبح التضييق على سوريا بالمحكمة الدولية. وثانيهما قراءة حزب الله أن ما حصل كان محسوبا بدقة متناهية، وتعرف شروط اللعبة.

خلق أزمة سياسية في لبنان، ونشر الفوضى فيها"[1]. وذكرت رأي صحيفة (يديعوت أحرونوت) التي تعارض الأولى ببحثها عن مبررات للقتال، والدعوة: " لأخذ الحيطة والحذر؛ لأن حزب الـلـه على درجة من الذكاء، ويعرف قليلا قواعد اللعبة "[2].

ونقلت عن بعض الصحف العالمية خاصة في أمريكا مثل صحيفة(New York times)[3] رأيها في مواصلة الضغط على العرب من قبل الإدارة الأمريكية لإيقاف عمليات حزب الـلـه. ونقلت عن (Yesterday) أن "النزاع الحالي في الشرق الأوسط هو (الحكاية القديمة عينها)، وأن هناك إسلاميين باتت السيطرة بأيديهم"[4].

والمراد من منهج الصحيفة في عرض الآراء ووجهات النظر جميعها لبنانيا، وعربيا، وإقليميا، وعالميا؛ أنها تسعى لإظهار مجريات الأحداث وتداعياتها وأصدائها في الأصعدة جميعها؛ حتى تترك للقارئ الحكم، وتحديد الاتجاه بعد إتاحة فرصة النظر في المواقف كافة، ولعل هذا ما يريح الجماهير الواعية المفكرة، إذ تستشعر رغبة الصحيفة في تثقيفها والوقوف على المعالجة الواقعية للأخبار،

---

(1) صحيفة النهار، العدد 22716، 18 تموز 2006، السنة 73، ص 11.

(2) انظر صحيفة النهار، العدد 22716، 18 تموز 2006، السنة 73، ص 11 . وانظر العدد 22720، 22 تموز 2006، ص 9، ص11 لأن في هذا العدد قد ظهر اختلاف جلي في نظرة الصحف الإسرائيلية وتعارضها في التوجهات السياسية.

(3) انظر المرجع السابق العدد 22716، 18 تموز 2006، ص 10، والأعداد التي تليها.

(4) المرجع السابق، ص10 .

وترك الخيار لها في تحديد سلوكه وميوله، أو لعل ذلك ما يزيد من تشتت فكرها وحيرتها في الوجهة و المنظور الواعي لما يجري .

كانت الصحيفة على علم بمدى ثقافة الجمهور اللبناني سياسيا، وعلى دراية بأن أي محاولة في توجيه فكره، أو إظهار موقف، أوتغليب اتجاه دون غيره، سيكون جليا له، بل ويفقده بعض مصداقيته، خصوصا أن صحيفة الانتقاد تتمتع بمتابعة جماهيرية، لأنها صحيفة حزب الله الذي يعد طرفا مهما في المعركة، وركنا أساسيا في تحول مجريات الأحداث، لذا سعت الصحيفة إلى التماشي مع واقع الجماهير، بتوسيع مداركه، وتقديم النظرة الشمولية له، حتى يتفهم ما يجري، فتقربه بذلك من الواقع، على حساب الفجوة الحاصلة بين الفكر والواقع.

ولما كانت صحيفة رأي، فلا بد أن تستحضر التزامها نحو الاتجاه الماروني المسيحي، إضافة إلى التزامها بإظهار ما يجري على أرض الواقع؛ فسعت إلى إلقاء الضوء على موقف المسيحية الموارنة من الحرب، ودعوة المطارنة إلى وقف العدوان، ومؤازرة اللبنانيين، وبيان وجهة النظر المتمثلة في أن عملية خطف الجنديين لا تستأهل تقطيع أوصال بلد بكامله، ولم تكتف بالتصريح، بل بينت بعض ردود الفعل الاجتماعية الإنسانية؛ حيث قامت الرهبانية المريمانية بتجهيز الأديرة للمهجرين[1]. وألقت بالمقابل الضوء على موقف خطباء الجمعة

[1] انظر صحيفة النهار، الأعداد 22718، الخميس 20 تموز 2006م، ص 5. والعدد 22719 ، الجمعة 21 تموز 2006م، ص 8. والعدد 22720، السبت 22 تموز 2006م، ص 6. والعدد 22722، 24 الاثنين تموز 2006م، ص 4، ص 5. و العدد 22724، 26 تموز 2006م، الأربعاء، ص13.

المسلمين، والمجلس التشريعي في لبنان، ودعوتهم إلى التوحد والتمسك والتضامن، وحث المسلمين على وقف إطلاق النار[1].

وبذلك أضافت إلى قائمة مواقف الأطراف المتعددة، موقفي الديانتين الإسلامية والمسيحية، ووجهة نظرهما للحرب والعدوان على لبنان، فأسهمت الصحيفة بصناعة الرأي العام للجماهير، لكن على طريقتها، بعيدا عن أي ميل أو هوى، من خلال تعليلها لنظرة كل طرف إلى الآخر[2]، إذ تقف موقف الوسط بين الفرقاء.

كانت الصحيفة في تحليلها تخاطب العقل والمنطق في قراءاتها وتحليلاتها الإخبارية وموازناتها، لكن بالمقابل لم تغفل عن مخاطبة العواطف والمشاعر، من خلال سردها ليوميات الناس، فأرادت شحنها وتعبئتها عل الأحداث تنتهي أوتتوقف، فقد عرضت يوميات لبنان تحت القصف، ويوميات بعض المقاتلين، وبعض المسعفين، وبعض المدنيين من خلال مواقف اجتماعية حدثت من مثل:" ... تتكئ عدلا محمود السبعينية المريضة على عصاها وتتنهد وتؤكد ... "[3]،

---

[1] العدد 22725، 27 الخميس تموز 2006م، ، ص 6. والعدد 22730، الثلاثاء 1 آب 2006م، ، ص 6.
انظر صحيفة النهار، الأعداد 22714، الأحد 16 تموز 2006م، ، ص 2. والعدد 22719، الجمعة 21 تموز 2006م، ، ص 5. و 22720، السبت 22 تموز 2006م، ، ص 6.

[2] فمثلا على الحيادية والبعد عن الميل والهوى أنها عرضت نظرة الدول العربية لحزب الله واتهامها له وعللت سبب ذلك، ثم عرضت هذه الاتهامات الموجهة له، وما السبب الحقيقي لحدوث هذا أو ذاك. للاستزادة انظر العدد 22714، الأحد 16 تموز 2006م، ، ص 2.

[3] انظر صحيفة النهار، العداد 22715، الخميس 17 تموز 2006م، ، ص 13.

"المشهد يتكرر تدخل المدارس والنوادي والجوامع في ساحل جبيل عائلات تنتظر مصيرها الغامض تفترش الأرض ..."[2]. لعلها بذلك تحاكي صحيفة الانتقاد عندما كانت تتحدث عن بطولات مقاوميها، ومواقف البسالة والشجاعة لبعض مجاهديها، لكن الهدف في الحالين مختلف، فالأولى تسعى إلى وقف العدوان من خلال عرض صورة الواقع القاتمة المليئة بالدمار، والثانية: تسعى إلى رفع المعنويات والصبر؛ حتى ينالوا النصر بإذن الـلـه.

صحيفة السفير .

أما صحيفة السفير، التي تعد نفسها صوت من لا صوت له، فقد أبدت فرحتها بعملية حزب الـلـه عبر فرحة الجماهير، وعللت ذلك بأنه دعم للشعب الفلسطيني، ولم تشأ الدخول في أتون الانقسامات السياسية اللبنانية، ولم توال أي حزب أو أي جهة سياسية أو دينية داخل لبنان، إنما أخذت على عاتقها جانب الشعب والتعبير عنه، لذا كانت واضحة وصريحة في ما تبغيه، وهو حال السياسة في الداخل اللبناني، دون مراوغة أو مداهنة لأحد.

وشأن صحيفة السفير شأن الصحف الثلاث الأخرى في خطابها، فلم يكن مباشرا إلا في نقل خطابات أمين الحزب، وحواراته الصحفية والتلفزيونية، حرصا منها على الموضوعية، ونقل فحوى خطابه دون أي تدخل مقصود أوغير

[2] انظر المرجع السابق، ص 13.

مقصود[1]، وكذلك كانت مباشرة عند نشر بيانات المقاومة الإسلامية التابعة لحزب اللـه عن عمليات القصف، وعملية الأسر، والضرر الذي لحق بالعدو.

وإحساسا من الصحيفة بالمسؤولية تجاه الشعب، جعلها تنعى بعض الشهداءمن مثل: "تنعى المقاومة الإسلامية أحد عناصرها الشهيد إبراهيم محمد رجب الذي قضى في المواجهات مع العدو أمس ... "[2]، وتنقل ردود الأفعال الشعبية المشيدة بالعملية، والمهنئة للمقاومة على ما قامت به، والمؤكدة ضرورة توحيد الصفوف داخل لبنان درءا للفتنة والانشقاقات، من مثل: "مواقف تشيد بالعملية وتهنئ المقاومة ونصرالله ، ... تأكيد وجوب تمتين الوحدة الداخلية ومنع الفتنة ... "[3]" الضاحية تبتهج لإنجاز حزب اللـه، المقاومة 2 – إسرائيل صفر"[4]، إذ نشرت بعض المقابلات مع أمهات الأسرى من مثل سمير قنطار ونسيم نسر، وهذا يدل على توجه الصحيفة نحو الداخل اللبناني، والجماهير اللبنانية خاصة، لرفع معنويات الناس، وشحن هممهم، استعدادا لما هو آت.

أما خطابها غير المباشر، فقد تجلى عبر عرض الأحداث والوقائع، ونشر أقوال حزب اللـه ومواقفه، وأقوال الأطراف الأخرى خاصة في الداخل اللبناني،

---

[1] انظر صحيفة السفير، العدد 10442، 13 تموز 2006م، السنة 33، ص 4، وانظر العدد 10444، السبت، 15 تموز 2006، السنة 33، ص 3.
[2] صحيفة السفير، العدد 10442، 13 تموز 2006م، السنة 33، ص5.
[3] صحيفة السفير،المرجع السابق، ص 4.
[4] المرجع السابق ، ص7.

وردود أفعالها، ثم تعيد صياغتها بأسلوب لغوي متين، وتراكيب قوية مسبوكة، مستخدمة عبارات ساخرة، شأنها شأن كل صحيفة تتحدث بصوت الشعب، فتظهر بلغتها أثر عملية حزب الله النوعية، وصداها في الأوساط اللبنانية والفلسطينية، وأولت عنايتها بحال الشعب والسلطة اللبنانية وما يصدر عنها، من خلال إقامة الموازنات بين التيارات المختلفة، وبيان حالها، ومن ذلك قولها: "شكلت عملية" الوعد الصادق " التي نفذها مقاتلو حزب الله علاجا من نوع آخر للجنون الذي تدعيه القيادة الإسرائيلية"[1]. "... خلافا لحالة الانفعال والتخبط التي تسود الأوساط الإسرائيلية في أعقاب "الصفعة الصباحية" الموجعة"[2]. "... العملية النوعية أصابت الوسط السياسي الداخلي بما يمكن وصفه بحال ارتجاج، ... فالجانب الأقلوي كان مبتهجا، وتاريخ 12 تموز صار بالنسبة إليه حدا فاصلا بين زمنين،... أما الجانب الأكثري فساده إرباك واضح واحتقان أكثر"[3].

فالعلاج، والجنون، والصفعة الصباحية الموجعة، وحال الارتجاج، توحي بالأسلوب الهزلي الساخر الذي تؤديه للتعبير عن أثر العملية، والمواقف المتخذة حيالها، كذلك طريقة إقامة الموازنة بين جانبين الأقلية والأكثرية، ما يدلل على مدى الانقسام في الداخل اللبناني، فما تريده هو إظهار حقيقة الصورة للشعب الذي تعد نفسها منبرا له.

---

[1] صحيفة السفير، العدد 10442، 13 تموز 2006م، السنة ، ص 1.

[2] المرجع السابق، ص 4.

[3] المرجع السابق، ص 2.

لذا تعد صحيفة السفير صحيفة رأي، لا تنقل الأحداث لمجرد الإخبار، إنما تنقلها من خلال تبيين الآثار المترتبة عليها، وانعكاساتها، وردود الأطياف داخل لبنان، محاولة تفسيرها وتعليلها بناء على اتجاهاتها ومصالحها السياسية، بالمقابل لم تول عناية بردود أفعال العدو الممثل بالصهاينة والإدارة الأمريكية، فقد اكتفت بذكر أن العدو يحمل لبنان وحكومته المسؤولية، وأن العدو ملزم بالرد عبر تدمير البنى التحتية، والأهداف الحيوية، في حين إنها لم تدخر وسعا في عرض وجهة نظر المقاومة الإسلامية اللبنانية، وفصائل المقاومة الفلسطينية، ووجهة نظر سوريا وإيران حيال الأحداث ومجرياتها وتداعياتها من مثل: " الحكومة والفصائل : العدو سيجبر على الإفراج عن كل الأسرى ... "[1]. " لاريجاني التقى الأسد ومشعل وشلح ... والشرع : القول الفصل للمقاومة "[2]

واتخذت الصحيفة منظور حزب اللـه بناء تقيم عليه تحليلها للعدوان، وأن هذا التدمير ليس أساسه الرد على عملية حزب اللـه، بل تصفية حساب الصهاينة مع لبنان شعبا وحكومة، وأحزابا، والدافع الرئيس وراء ذلك هو نزع سلاح حزب اللـه، لما يشكل من تهديد لأمن إسرائيل، تحت غطاء حماية لبنان من ميلشيات تحاول زعزعة استقراره، وتقويض أمنه على حد تعبير العدو، فترى الصحيفة ذلك محاولة لتأليب الحكومة على المقاومة الإسلامية، وبث الانقسام الداخلي، بل تغذيته من خلال حث السلطة اللبنانية على فرض سلطتها على كامل أراضيها.

[1] انظر صحيفة السفير، العدد 10442، 13 تموز 2006م، السنة 33، ص 14.
[2] انظر صحيفة السفير، المرجع السابق ، ص16.

هذا في بادئ الحرب، لكن تداركت ضرورة عرض نظرة شاملة لمجريات الأحداث من وجهات متعددة؛ لإعطاء صورة من جميع زواياها، لذا عرضت مواقف الصحف الإسرائيلية عامة، وقراءاتها حول الحرب الجارية[1]، إضافة إلى قراءات غربية في واشنطن ودول أوروبية ومواقفها تجاه ما يحدث[2]، وكذلك الصحف العربية وموقف حكوماتها[3]، لكن باختصار دون استطراد في ذلك.

قام تحليلها للرأي على استقراء الواقع، ومتابعة الآراء على الأصعدة كافة، مع التذكير بتوسعها في استقراء الشارع اللبناني وتفصيله؛ لأن هذا ما يهم الجمهور اللبناني إذ يلامسه ويعيشه لحظة بلحظة، لذا كان منهجها لاستقطاب الجمهور اللبناني عبر عرض صورة شبه كاملة لواقع لبنان، والتطورات الحاصلة جراء الأحداث، فهي على علم بمدى ثقافة جمهورها واتساع مداركه السياسية.

وانطلاقا من حرصها على تقديم ما يلامس هموم جمهورها اللبناني، أولت عناية كبيرة بالجانب الثقافي، إذ أفردت صفحة أو اثنتين من كل عدد

---

[1] انظر صحيفة السفير ، العدد 10443، الجمعة 14 تموز 2006م، السنة 33، ص 14. وانظر العدد 10451، 22 تموز 2006م.
[2] انظر ، المرجع السابق ،العدد 10444، السبت 15 تموز 2006م، السنة 33، ص 14. وانظر العدد 10452، 23 تموز 2006م، ص5.
[3] انظر العدد 10446، الاثنين 17 تموز 2006م، السنة 33، ص 2.

للكتاب، والنقاد، والروائيين، والشعراء، يعبرون في كتاباتهم عن نظرتهم للحرب، وآثارها النفسية والاجتماعية، عبر كتابات أدبية، ونقدية، ومقطوعات شعرية تظهر حقيقة المشاعر والعواطف الشعبية تجاه ما يحدث.

ولم تغفل عن الجانب الاجتماعي، فخصصت بضع صفحات للحالات الاجتماعية والإنسانية التي يعيشها الشعب اللبناني، عبر قصة تسرد، أو حادثة تحكى، أو يوميات لأسرة في ملجأ، أو يوميات فتاة تساعد بعض النازحين، أو يوميات رجل إنقاذ، أوإسعاف يقوم بعمليات يومية تحت الأنقاض، ينفس من خلالها هؤلاء من الكبت العاطفي، والتخبط النفسي، تجاه الواقع المرير، فتسعى إلى تذكير المقتتلين بما تحل بهم ويلات أعمالهم، وضرورة إنهاء معاناة إنسانية حقيقية، هذا من ناحية، ومن ناحية أخرى تسعى إلى تصبير الناس، على همومهم إن رأوا هموما أصعب، من مثل: "يوميات أسرة في المسرح الملجأ ... لا تميز فاطمة الصغيرة بين دوي القصف وبين صوت الألعاب النارية لأن أمها قالت لها إنه صوت فرقيع ... أربعة أجيال تأكل وتتنفس وتنام تحت سقف الغرفة المستطيلة ... "[1]

غلب على الصحيفة خاصة في النصف الثاني من فترة العدوان، سمة توجه خطابها السياسي الإعلامي إلى العواطف والمشاعر أكثر من توجهه إلى العقل والمنطق، رغم أن الصحيفة لم تكثر من التحليل المنطقي والحوار الفكري القائم على الموازنات، لكن توجهها العاطفي بدا جليا، عبر عرض الواقع صورا

[1] انظر صحيفة السفير ، العدد 10449 ، 20 تموز 2006 ، ص9.

وحكايات ويوميات قاتمة أليمة عن الواقع القائم، وعبر الكتابات الأدبية نثرا وشعرا .

وأكثر ما يتجلى في جانب اهتمامها بالشعب وآرائه، قيامها بعملية استطلاع لرأي الشارع اللبناني وجماهيره، تبنته صحيفة السفير في الحرب، وركزت في استطلاعاتها للرأي على: "هل أنت مع موقف حزب الله أم ضد؟ هل تؤيد ما حدث أم لا؟ "[1].

إلا أن الملحوظ في الصحيفة أنها في نهاية شهر تموز وبداية شهر آب، قلت توقعاتها وتحليلاتها، وعللت ذلك بأن الأمور باتت واضحة، فالهدف من الحرب تحقيق أهداف سياسية استراتيجية، تتمثل في تغيير الخريطة السياسية للمنطقة؛ لولادة شرق أوسط جديد، ودليل ذلك مماطلة إنهاء العدوان؛ لتحقيق أكبر قدر ممكن من التدمير والقتل والتهجير داخل لبنان، عل ذلك يسهم في تحقيق الأهداف الإستراتيجية الأمريكية ـ الإسرائيلية. في حين ركزت في هذه الفترة على الجانب الاجتماعي للشعب اللبناني ومعاناته، خاصة بعد مرور ثلاثة أسابيع على القصف والتدمير والمذابح. من مثل: " الشهداء تجاوزوا 110 قتلى و 235 جريحا ... والسنيورة يعلن لبنان بلدا منكوبا، بوش يريد إخراج حزب الله من لبنان ! ووزراء عرب يحملونه المسؤولية "[2].

[1] انظر صحيفة السفير، العدد 10456، 27 تموز 2006م، ص 4.

[2] انظر صحيفة السفير، العدد 10445 16موز 2006م، السنة 33، ص1.

والمتتبع للصحيفة يجد تحليلاتها تصب في أن الحرب دافع لإعادة ترتيب المنطقة وفقا لنظرية الفوضى الخلاقة[1]، وأن إسرائيل اندفعت للحرب منفردة؛ لأنها انتظرت طويلا الوقت المناسب، فاستخدمت حزب الله ذريعة، ولعل هذا ما ساقها إلى الانحياز لفكرة مؤدلجة، بغض النظر عن صحتها أوبعدها عن الواقع، لكن بالمقابل لم تهمش الحقائق الواقعية، رغم تغليبها لرؤية سياسية معينة، فحاولت المزج بين الواقع ورؤيتها السياسية، من خلال عرض جميع الآراء، ووجهات النظر المتعددة، مع النظر إلى حقيقة ما يحدث، والدافع وراءه، ومحاولة تفسيره.

إن اهتمام الصحيفة بالجمهور وسعيها إلى إماطة اللثام عن الحقيقة، قرب خطابها من معالجة الخبر معالجة واقعية، فلم تقرأه قراءة خطية مباشرة، ولم تهول خبر على حساب تهوين خبر آخر، وبذلك لم يسر خطابها الإعلامي من أعلى إلى أدنى، بل جعلته متوازيا مع الأحداث، مستويا؛ لأنه من الجمهور وإليه، وطبيعة فكرتها المؤدلجة لم تقلل من دورها في المجتمع، ولم تشكك في ميولها لحزب، أو جهة سياسية أوطائفية لبنانية دون أخرى، إنما اعتمدت هذه الفكرة بعد تحليلها وقراءتها لمسار الأحداث الدائرة، فالأدلجة لفكرتها نابعة من رفضها لموقف الأطراف الأخرى في الحرب، واستهجانها لما بدر من أقوال وأفعال، أدت إلى جلاء الانقسام بدل رأبه والعمل على تماسكه.

[1] انظر صحيفة السفير، العدد 10448، 19 تموز 2006م، ص 15.

بناء على ما تقدم يمكن الباحث أن يستنبط سمات اتسم بها الخطاب السياسي الإعلامي اللبناني في الحرب سيتم توضيحها.

سمات الخطاب السياسي الإعلامي في الصحف اللبنانية الأربع .

تقدم سابقا أن اختلاف النظرة إلى الخطاب نابع من اختلاف الحقل المعرفي الذي يخضع له، فالخطاب السياسي الإعلامي ممارسة اجتماعية متغيرة، إذ يتعرض للتغير والتطور، وما يجب النظر إليه أن حقيقة الخطاب ليس شيئا واحدا، فهناك عدد من الخطابات السياسية الإعلامية المتصارعة أو المتعاونة، كما أن هناك تداخلا أو تعايشا بين أكثر من خطاب، إذ تعكس هذه الخطابات المتداخلة حقائق اجتماعية وسياسية متباينة، ومصالح متعارضة كم ظهر فيما سبق .

مع ذلك فقد تحدث استعارات في المفاهيم والأطروحات في إطار محاولة كل خطاب أن يواكب الواقع، ويحظى بقدر أكبر من التأثير الاجتماعي، ومن الأمثلة على ذلك، أنه قد يتبنى خطاب سياسي إعلامي ما بعض المقولات، أو المفاهيم لحزب معارض له، ويدمجه في إطار بنيته الخطابية؛ بهدف التأثير في الجمهور، وحرمان معارضه احتكار هذا التأثير، فالخطاب السياسي الإعلامي ليس مستقلا بمصدره أو هدفه، إنما هو موجه يتغير ويتداول بحسب مضمون الخطابات السياسية الإعلامية الأخرى؛ ليعارضها أو يتوافق معها.

لذا يستنبط مما سبق في عرض الأنماط الخطابية ونهج الصحف الأربع خلال الحرب أن جل الخطاب السياسي الإعلامي اللبناني خطاب مسيس، يعتمد الإخبار المباشر، ويرتكز في أحيان كثيرة على القراءة الخطية للخبر، مع التعميم، وإضافة تهويل أو تهوين للخبر، علما أن أخباره مستقاة من مصادر أجنبية، ووكالات أنباء عالمية غربية. فالقارئ للصحف يلحظ فيها تهوين قدر التحركات الشعبية والمظاهرات، أو مقتل عدد من الأشخاص بحجة خطأ غير متعمد، في حين يتم تهويل قتل جندي من العدو، أوتدمير بيت، أومنشأة له.

بذلك لا يتوجه الخطاب السياسي الإعلامي في الصحف اللبنانية الأربع للفكر بقدر ما يتوجه إلى العواطف لشحنها، عبر إعطاء صورة قاتمة مفزعة للواقع أو المستقبل، مستندة الى تحليلات سياسيين، أو اعتماد على نقل مراسلين للأحداث بأسلوبهم ولغتهم، دون التنبيه إلى مدى أثر ما ينقله المراسل للصحفي، ويصوغه الصحفي؛ إذ قد يشوه الصورة دون قصد منه: بحذف، أوإضافة، أو صياغة يريد بها تحري الصدق، وهذا يعد نقطة ضعف في الخطاب السياسي الإعلامي.

أضف إلى ذلك غياب الواقعية في عرض الخبر، أو المعالجة التحليلية، إذ يلحظ أن بعض الصحف قد أدخلت نفسها في أجندات سياسية، وأصبحت تروج لرؤى، ربما تكون بعيدة عن الواقع، أو تصب باتجاه معين؛ لتقبلها مقالات محللين سياسيين قد تكون لهم توجهات سياسية معينة، فيكون بذلك المقال

مؤدلجا، يرضى جهة معينة، أو اتجاها معينا، مهملا الخطاب الحقيقي المستمد من أرض الواقع.

وهذا ما يؤدي إلى تهميش الحقائق الواقعية في خطاب الصحف اللبنانية مقابل تغليب الرؤى السياسية، حيث يسعى الخطاب السياسي الإعلامي فيها لإظهار ما ينبغي أن يكون ظاهرا، بل ويحاول إثبات صحته، بعيدا عن مدى مصداقيته الواقعية سياسيا أو اجتماعيا، لذا من الضرورة بمكان الحذر من اصطناع الحياد، الذي يتمثل أحيانا بعرض وجهات النظر المختلفة، مع التركيزعلى وجهة النظر المرادة؛ بذكر حيثياتها وتفصيلاتها، وتلفيق الآخر؛ بتعميمها أو إيجازها، حتى تتم التبرئة من التحيز والميل.

يفضي ذلك إلى وجود استبداد فكري، وتعنت أيديولوجي، يقوم على احتكار الحقيقة، وحجبها عن الآخرين، وإضفاء الشرعية على الأعمال الناتجة عن هذا الفكر، وهذه الأيديولوجية، مما يجعل الخطاب السياسي الإعلامي ناقلا لأيديولوجيا، وليس لأحداث، واصفا لها، فيصبح عبارة عن خطابات متواصلة متسلسلة من الحجاج الأيديولوجي، مشتتا لأي حوار فكري سياسي، وسبب وجود مثل هذا الاستبداد الفكري؛ ظهور نظم سياسية، وجماعات معارضة عقائدية وسياسية لهذه النظم السياسية، وأنصار للسياسة الغربية وعملاء لها.

وسخر الجدال الأيديولوجي بعض المفكرين والباحثين، وأصحاب القلم لخدمته، فانحازوا لمصادر القوى السياسية والمالية، مما زاد الهوة بين الفكر والواقع،

وبين الحقيقة وما ينبغي أن يكون، فحدد ذلك مسار الخطاب السياسي الإعلامي في الصحف اللبنانية الأربع من أعلى (المتمثل بالسلطة أو المال أو السياسة) إلى أدنى (المتمثل بالمتلقي العربي الذي يجهل نسبة كبيرة مما هو كائن).

وهذا ما فرض على الخطاب السياسي الإعلامي اللبناني في صحفه أن يكون إما حداثيا يواكب معطيات العصر، أو سلفيا ماضويا، وإما أن يكون رأسماليا ليبراليا مواليا للسلطة، والمال السياسي، أو اشتراكي لا سلطة أو نفوذ محتكرة .

ويمكن تلخيص ما اتسم به الخطاب السياسي الإعلامي في الصحف اللبنانية الأربع بما يلي:

1- خطاب ليس مستقلا بذاته، إنما تتداخل فيه المفاهيم وطروحات من خطابات أخرى موالية أو معارضة ؛لكسب التأييد.

2- خطاب مسيس يعتمد القراءة الخطية المباشرة ومهولا أو مهونا للأحداث، مع غياب الواقعية في عرض الخبر، أو المعالجة التحليلية .

3- خطاب لا يتوجه إلى العقل بقدر توجهه إلى المشاعر والعواطف؛ لشحنها بغيه إحداث أكبر قدر من التأثير.

4- يعد سلسلة متواصلة من الجدال الأيديولوجي بسبب وجود الاستبداد الفكري، وليس ناقلا لواقع، أو واصفا له.

5- خطاب يهمش الواقع ويغلب الرؤى السياسية المرادة.

6- توجهه من أعلى إلى أدنى بسبب تأثره بالسلطة والمال وما يخدم مصالح منشئه.

وإذا ما تم العودة إلى النظر في الخطاب السياسي الإعلامي الذي تناول أخبار الحرب في الصحف اللبناني، والنهج الـذي ظهر سابقا، تجد أنه سعى إلى بيان مفاهيم وتصورات سياسية، مبنية على رؤى خاصة، وقام على عناصر إعلاميـة لتقنيـع الواقع السياسي، وتقديمه للجماهير بصورة مختلفة عن حقيقته، فأصبح الخطاب السياسـي الإعلامـي في صحف لبنـان الأربـع يعكس الصراعات السياسية بين الأحزاب اللبنانية في قالب إعلامي، يهدف إلى تحقيق فكره في ذهن المتلقين، عبر بث قناعات؛ ليرغب في مقصده دون ضغط أوإكراه، وبذلك يحقق أكبر قدر من الإرادة الجماعية، وهذا ما عنيتـه في الفصـل النظري، من خلال الدمج بين مدلول مصطلحي الخطاب الإعلامي والسياسي في مدلول اصطلاحي واحد.

وبناء على اختلاف نظرة الصحف اللبنانية للحرب، ونهجها التي سلكتها في أنماطها الخطابية، واختيارها استراتيجيات خطابية معينة أدى ذلك إلى ظهور نوع من التضليل في إعلامها للحرب .

التضليل الإعلامي المتمثل في الصحف اللبنانية الأربع .

لما كانت الصحف الأربع اللبنانية صحف رأي، تبني رأيها على التحليلات الإخبارية المستندة إلى قراءة الأحداث والوقائع، من منظور اتجاهها السياسي أو الطائفي أو الاجتماعي، فكان لا بد من ظهورعدة جوانب لتكتمل الصورة لمجريات الحرب، وهذا ما قدمته الصحف، إذ إن كل صحيفة قدمت جانبا، تبنته صراحة أو ضمنا، فأدبجت الكلمات، وسبكت العبارات في تحليلاتها وتعليقاتها؛ حتى تسير في اتجاهها المرسوم لها. وهذا ما أدى إلى تضليل القارئ في مكمن الحقيقة والرؤية، تبعا للمذاهب السياسية والطائفية المتعارضة.

يلحظ الراصد للصحف الأربع في أثناء الحرب الرؤى السياسية الآتية:

تتجه صحيفة المستقبل رؤيتها في التحليلات: "إن لعملية حزب الله أبعادا لم يعد خافيا أن البلد يواجه في الداخل خطر مشروع انقلاب سياسي يقوده الموالون للنظام السوري وأتباعه..."[1]، وتتمحور الرؤية في محاولة حزب الله إيجاد سلطة له، ومفعول انقلابي داخل لبنان لتعديل توازن القوى الداخلية، وإلحاقها بركب السياسة الإيرانية والسورية، تحول لبنان إلى ساحة لتصفية حسابات لدول أخرى، " يجب الاعتراف بأن الخوف الكامن سابقا هو الآن خوف داهم، وهو خوف من أمرين مباشرين: الأول أن يهدي الحزب انتصاره إلى

---

[1] صحيفة المستقبل ، العدد 2342. 1 آب، ص 2..

موالي النظام السوري داخليا، والثاني أن يهديه إلى دمشق وطهران إقليميا..."[1].

كذلك أولت عناية بتحليلات الردود الإسرائيلية وتعليلها للقيام بالحرب، إذ إن ما تقوم به إسرائيل يندرج في إطار الدفاع عن النفس، وأن هذا حق مشروع ضد منظمة إرهابية (حزب الله)، وتمثل ذلك بعدم إدانة إسرائيل بالمجازر التي ارتكبتها بحق الإنسانية، فكأنما ترمي إلى أن حزب الله خلق ذريعة لإسرائيل لتفعل ما تشاء، وأن دولة لبنان زجت في حرب لم يقررها أبناؤها، أو توافق عليها حكومتها[2].

أما صحيفة النهار، فقد اعتمدت في تحليلاتها على ردود الفعل من الأطراف وتعليل ذلك، فقد وقفت موقف الوسط بين الأطياف المتعددة، إذ كان توجهها يرى أن الحرب لعبة مكاسرة، تكمن في ضرورة الحفاظ على ديمومة وجود أحدهم في منطقة الشرق الأوسط، وأول اللاعبين أمريكا في السعودية، ثم في العراق، ثم انسحابها من السعودية، وتعثرها في العراق؛ ليأتي اللاعب الثاني إسرائيل في فلسطين، ثم في جنوب لبنان لمدى الأهمية الاستراتيجية للمنطقتين، ثم تأتي عملية حزب الله، التي تعد مدخلا سريعا وعلنيا في اللعبة، ليكون لاعبا أساسيا فيها[3].

---

[1] صحيفة المستقبل ، العدد 2342. 1 آب، ص 2.

[2] صحيفة المستقبل ، العدد 2325 ، 13 تموز ص1 ، ص2 .

[3] انظر أعداد صحيفة النهار في النصف الأول من فترة الحرب وخصوصا العدد 22713 ، 15 تموز 2006م.

ثم لخصت بعد ذلك صلب الأزمة الإقليمية الداعية لتصعيد مجريات الأحداث وتوترها، والتوجهات السياسية المتباينة التي سوغت قيام حزب الـلـه بعمليته، ومنها تصعيد العلاقة بين السنة والشيعة في لبنان بسبب ما يحدث في العراق، والانخراط مع أحداث عزة، التي تم أسر إسرائيلي فيها، وإبعاد الأنظار عن إيران وملفها النووي،ومصلحة سوريا في فتح قناة حوار مع الإدارة الأمريكية والتخلص من شبح المحكمة الدولية.

أما صحيفة السفير فكانت نظرتها السياسية متمثلة في أن عدوان إسرائيل على لبنان هو استكمال لمخطط استراتيجي، يبدأ بمحاولة تنفيذ قرار مجلس الأمن بنزع سلاح حزب الـلـه، حتى يتخلص من حجر العثرة أمام المخطط، الذي يقضي بإعادة ترتيب أوضاع المنطقة، وإعدادها لولادة شرق أوسط جديد، خدمة للمصالح المشتركة بين إسرائيل والإدارة الأمريكية: " إنذارات دولية ولا وساطات ... وتفويض إسرائيل بتغيير لبنان..."[1]. " إسرائيل تعمد إلى تغيير خط الحدود" [2]كما أن رؤيتها كانت مبنية على نظريات منها (نظرية التسوية)[3] ، وهي وضع حلول استراتيجية لاستنقاذ الوضع يأتي بها المجتمع الدولي لتسوية للأمور.

[1] صحيفة السفير، العدد 10446، 17 تموز 2006م، ص 1 انظر أعداد صحيفة السفير في النصف الأول من فترة الحرب.

[2] صحيفة السفير، العدد 10446، 17 تموز 2006م، ص 1.

[3] انظر المرجع السابق، العدد 10444، 15 تموز 2006م، ص 13.

أما فيما يتعلق برؤية صحيفة الانتقاد السياسية، فكانت من الوضوح بمكان، إذ تعبر عن رؤية الحزب الذي كان طرفا في الحرب، فأدركت حقيقة السياق الذي يجب أن تتواصل فيه مع الشعب اللبناني خصوصا، والعربي عموما، محاولة منها لكسب أكبر تأييد ممكن، وحاولت كشف اللثام عمن يتخاذل، ويهبط العزيمة، وأكدت وطنية المعركة، وأنها معركة الأمة جمعاء، وجل ما ركزت عليه هو صدق وعود حزب الله، وقدرته على دب الذعر في صفوف العدو، إضافة إلى تثبيت الناس والصبر، فعملية التعارض في الرؤى السياسية؛ بل والتضارب في الأفكار التي بني عليها خطابات الصحف أدت إلى ظهور تضليل في الاستقرار على رؤية أو اتجاه معين، لأن كلا من الصحف الأربع داخل لبنان يسعى بالمنطق والعقل إلى إضفاء واقعية لرؤيته وقراءته للحدث، وبث الفكرة المرادة شيئا فشيئا؛ حتى لا يرفضها الجمهور المثقف سياسيا، وبذلك يتجلى التضليل باتساع الهوة بين الأطراف اللبنانية في اتجاهاتها السياسية.

أضف إلى هذا التضليل في الأفكار جراء تعدد الرؤى السياسية المبنية عبى الحجة والمنطق، تضليل من نوع آخر، ينطوي على إظهار صورة نمطية لأحد طرفي الحرب، وهو حزب الله وقد تكبد الخسائر في لبنان وشعبه، ومناطقه الحيوية، وبنيته التحتية، والتعتيم على خسائر العدو، وهذا ما وقعت فيه الصحف الثلاث (المستقبل، والسفير، والنهار) رغم المحاولة في إلقاء الضوء على خسائر العدو، لكن التعتيم الإسرائيلي حال دون الوقوف على تفصيلات الخسائر، باستثناء صحيفة الانتقاد، التي أظهرت الكثير من خسائر العدو، وهذه القدرة على كشف خسائر العدو نبع من أن حزبها طرف في الحرب، فمدها

حزبها بعدد الصواريخ المطلقة يوميا من قبله، ونتائج المعارك البرية، ومرامي الصواريخ المستهدفة، إضافة الى إعداد الحزب لهذا الأمر، وإدراكه لمدى تأثير ذلك في رفع المعنويات وشحذ الهمم.

كانت خسائر الشعب اللبناني كبيرة، إذا ما نظر إلى كمية الأسلحة المستخدمة في الحرب، ومقدار قوتها وأثرها، لكن رغم ذلك بقي حزب الله صامدا أمام العدوان، يدعمه صمود الشعب اللبناني، وتجرعه الأسى وويلات العدوان، فالخسائر كانت مادية لكن لم يخف الناس من العدوان، في حين إن خسائر إسرائيل تمثلت في دب الذعر والهلع في قلوب الإسرائيليين، فقد نزح قرابة نصف مليون شخص، وهجروا مستوطناتهم، التي دمر بعضها، ومناطق حيوية مثل قصف محطة قطار، وقرب مصنع البتروكيماويات والكيميائية، التي ما كانت الصواريخ لتخطىء الهدف.

ونتج هذا الهلع والذعر عن كيفية قصف المقاومة؛ إذ كانت الطريقة بالقصف المتدرج من المواقع العسكرية إلى الثكنات في شمالي فلسطين، ثم إلى المستوطنات، ثم إلى المراكز الحيوية، فالانتظار وتوقع ما سيحدث سبب الخوف النفسي بين الصهاينة جنودا ومدنيين.

انطوى التضليل الإعلامي على تضخيم خسائر الشعب اللبناني في أرواحه، وممتلكاته، ومناطقه الحيوية، لتثبيط المعنويات والاستسلام، وفي الوقت نفسه تهوين أمر المذابح والمجازر المرتكبة بحق أبرياء ومدنيين بحجة أنه خطأ استراتيجي، أو خطأ غير متعمد، ولا بد من أخذ الحيطة حتى لا يتعرض

المدنيون للأذى، فكيف يكون التهويل والتهوين في أمر واحد؟! أليس هذا تضليلا؟! وقد يتعدى الأمر إلى تهوين الكارثة التي حلت بلبنان، عبر ذريعة أن هذا عقاب من يتجرأ على إسرائيل، وأن هذا ما جناه حزب الـلـه على لبنان، كما تناقلته بعض الصحف.

كان تضليل الإعلام في حرب لبنان فكريا أكثر منه تزييفا للواقع، إذ قام على تشتيت الأذهان، وخلق حال من الحيرة والإرباك، بسبب تعارض الاتجاهات وارتكازها على حجاج منطقي، إضافة إلى تهويل ما لا يستحق، وتهوين ما يجب أن يهول، عبر إخفاء حقائق معينة، وإظهار حقائق أخرى لتحقيق أهداف محددة .

مع أن المعركة واحدة والحدث واحد، لكن هناك أجزاء من الصورة الكاملة يحذفها أحد الأطراف المتصارعة لغاية معينة ليظهر جزءا آخر يدعم غايته، ولم يقدم على هذا العمل إلا إسرائيل، لامتلاكها الإمكانات، من مثل قدرتها على التعتيم الإعلامي، ومنع التصوير، أو نقل الحدث، إضافة إلى إيذاء الإعلاميين والصحفيين المراسلين[1].

[1] من مثل نفي إسرائيل لقصف بارجتها الإسرائيلية ساعر 5 ، وأن ما أصابها عطل ميكانيكي . مع أن إعلام حزب الـلـه نقل بالصوت والصورة البارجة ووهي تحترق، هذا يعد من التعتيم الإعلامي، إضافة إلى عدم وجود مصورين ومراسلين في أرض المعركة وأثناء القتال لتثبيت الإصابات أو الخسائر . انظر صحيفة الانتقاد عدد 1170 14 تموز ص6 .

الخاتمة

الخاتمة

الكلمة سياسة، بها يستطيع المرء أن يصنع الوعي، وينشرظلاله، ليثير الشجون، ويشحن العواطف، ويعكر الصفو، ويدب السكينة والاستتباب، فلما وظفها الإعلام، جعل منها صناعة، وفنا يضم في ثناياها القدرة على بلورة الرأي، وتشكيل الثقافة، وتوجيه الجماهيرضمن أبعاد أيديولوجية.

توضح أثر الإعلام جليا في السلوك الفردي، والسلوك الجماعي، بفعل الكلمة، التي بنى عليها الإعلام خطابه، فبحث في معانيها ودلالاتها لمنفعة يرومها، وقصد يرنو إليه، يتمثل في إنتاج قناعات لدى جمهوره بما ينسجم و منهجه، لتبرز في المجتمع عامة؛ فتشكل لديهم سلوكا جماعيا تجاه الحدث المقصود.

ولم يقتصر جهد الإعلام على ذلك حسب؛ بل سعى لإغواء المتلقي واستدراجه، بتسليط خطابه على الحساسية المؤثرة فيه، والهيمنة على أفق انتظاره للخبر، وشغفه لمعرفته والوقوف على تداعياته. ومن هنا كانت المصداقية لوسائل الإعلام وما تبثه، والصحافة خاصة، لما لها من تاريخ في مواكبة هموم الجماهير المثقفة القارئة وتوعيتها، فصدق الجمهور وسائل الإعلام بمختلف أشكالها، وهو يظن أن هذه الأخبار هي التي يبحث عنها، ولكنها في الحقيقة هي التي تبحث عنه لتجعله حاملا لفكرتها المخبأة في شكل أخبار ومعلومات، تعمل على تحضيره المسبق لتكوين قناعات لم يخترها بمحض إرادته، لتصل إلى درجة التحكم بالسلوك الفردي والجماعي، فالدراسة التحليلية للغة الخبر السياسي في الصحف اللبنانية سعت لإثبات ما تقدم، والوقوف على الاستراتيجيات الإعلامية والخطابية، والأساليب المستخدمة لذلك.

خلصت الدراسة إلى أن الخطاب الإعلامي السياسي لا يعكس الواقع كما

هو، إنما يعكس التوجه السياسي لفاعل الخطاب، ونظرته السياسية للأحداث وتداعياتها، وما ستؤول إليه، وهذا ما تجلى في الصحف اللبنانية المتحررة من هيمنة السلطة، والقائمة على الانقسامات السياسية والطائفية، التي أوجدت بدورها تعددا في الرؤى السياسية، مما جعل من سمات الخطاب الإعلامي السياسي عدم استقلاليته بذاته، إذ تضمن خطاب إعلامي مفاهيم وأطروحات سياسية لخطاب إعلامي آخر، من جهة سياسية أخرى؛ لكسب التأييد، أو خفت أثرها الاجتماعي والسياسي، في أثناء محاولته إظهار ما ينبغي أن يكون، وإثبات صحة منظوره السياسي، وإيصالها للجماهير بعيدا عن مدى مصداقيتها وواقعيتها، وبذلك يضيف سمة أخرى وهي تهميش الواقع، وتغليب الرؤية السياسية .

وهذا ما أدى إلى ظهور عملية التسييس التي مارسها التعدد السياسي والطائفي على الخطاب، وتكشفها أثناء الدراسة التحليلية، من خلال قراءة الخبر قراءة خطية مباشرة، تعمد إلى تهويل الحدث أوتهوينه، ليتوجه بدوره إلى عاطفة الجماهير، فيقدم من خلال تهويله للخبر سلسلة متتالية من الصور الاجتماعية المفزعة المكتوبة، واليوميات القائمة للمهجرين والمشردين عن أهلهم وذويهم، أو تهوين خبر قصف مستوطنة إسرائيلية، حتى لا تؤجج الحماسة النفوس .

لكن التحليلات السياسية والقراءات المبنية على الواقع التي انساقت وراءها الصحف، أظهرت أثناء التحليل وجود استبداد فكري، قد تراوح ما بين الشدة والضعف، حسب منهج الصحيفة ومسلكها، فالذي قاد إلى هذا الاستبداد في الفكر هو السعي لإثبات وجهة النظر المتبناة، وعدها حقيقة وواقعا، وتعريتها عن الآخر، مما حول الخطاب الإعلامي في بعض الأحيان إلى حجاج

أيديولوجي، يجابه النظم والأحزاب السياسية والطائفية الأخرى، إذا ما غض الطرف عن العدو الإسرائيلي .

وهذه السمات التي ظهرت في الخطاب الإعلامي السياسي، لم تأت من فراغ بل اعتمدت على النمط الخطابي الذي سلكته كل صحيفة، وقد اقتصر على نمطين: المباشر وغير المباشر، حيث اتفقت الصحف الأربع رغم اختلاف توجهاتها السياسية على الخطاب المباشر أثناء الحديث عن أقوال السيد حسن نصر الـلـه، فظهر صوته دون تعديل، بل تحرت الصحف الموضوعية عبر المطابقة التامة لخطاباته وحواراته. واتفقت في خطابها غير المباشر دون ذلك، ففسرت الصحف الأقوال، وردود الأفعال للأطراف الأخرى، بلغتها وأسلوبها الخاص، ضمن تعديل الضمائر، وتغيير الأزمنة .

كشف النمط الخطابي المتبع عن نهج الصحيفة ونوعها، إن كانت صحيفة رأي أوصحيفة إخبار، فلم يكن هم صحف الإعلام في لبنان تنوير الجماهير بالحدث، بقدر ما كان صناعة الرأي، وإقناع الجماهير بتوجهاتها السياسية، لذا تضمن خطابها آراء تفسيرية، وتوقعات مستندة إلى المعلومات المتاحة، لكن في جلها آراء لم تقطع حكما على الأحداث .

وما أسهم في نجاح المنهج في تقديم الآراء، ومحاولة الإقناع بها، هي الاستراتيجيات الخطابية التي تم اعتمادها في بناء الخطاب الإعلامي السياسي لكل صحيفة، والتي اختيرت حسب موقف الصحيفة في الحرب، وتوجهها السياسي، فاستخدمت صحيفة الانتقاد استراتيجية الإقناع والتوجيه، والتي تفضي كل منها للأخرى، لأنهما انسجمتا مع هدف الحزب المنتمية إليه، واتبعت صحيفة المستقبل استراتيجية التلميح دون التصريح، لتقلقل الأوضاع، وتأرجح موازين الحرب، بين مد وجزر، واختارت صحيفة السفير الاستراتيجية

التضامنية، لعلاقتها الحميمة مع الجماهير، إذ تعد نفسها صوتا لها ومنبرا، أما صحيفة النهار، فقد خفت معالم استراتيجيتها، إذ لم تسع إلى بث وجهة نظر بعينها، ولم تتوجه إلى فكرة دون سواها، بل عرضت الآراء دون أن تنطوي على ميل، أو تقطع حكما فيما يجري على أرض الحدث، فأقامت الموازنات بين الرؤى السياسية المتباينة، وعقدت المقابلات بين التوجهات الحزبية المتعددة. لذا طمست حقيقة توجهها السياسي، رغم انطلاقها من توجه معين .

وما دعم الاستراتيجيات الخطابية في إصابة مرماها، وجود استراتيجيات إعلامية بدت جليا في في أثناء الدراسة التحليلية، حيث جعلت من الإعلام وسيلة ضغط أو فرض لموقف ما، أو محرك لدفة الأحداث. وتوافر العوامل التي من شأنها إنجاح هذه الاستراتيجيات الإعلامية .

إلا أن من أهم ما أماط التحليل اللثام عنه، هو تلك العلاقة المتداخلة بين التضليل الإعلامي ومدى نجاحه في تغييب الحقيقة وإظهار سواها، وما هو قار في نسيج الخطاب من تحيز لغوي قائم على تسويق مصطلحات رافدة من الإعلام الغربي والإسرائيلي، والتلاعب بمدلولاتها، من خلال إظهار ظلال معانيها، وإطلاق أوصاف لغوية، تعبرعن فكرة وتوجه دونما الحاجة إلى الشرح والتوضيح، مما تؤدي إلى تشكيل تصورات ذهنية في عقول الجماهير، ونظرات معينة للواقع كما ينبغي أن يكون، مبنية على ما استقته من مفاهيم لتلك المصطلحات، فتحدث تأثيرا من خلال تغيير سلوك الأفراد والجماعات تجاه الواقع.

وتبين من الجداول السابقة أن صحيفة الانتقاد تبنت وجهة نظر حزب الـلـه في الدفاع عن الانتصارات االعمليات التي أسمتها نوعية، وركزت على إظهار

بطولات المقاتلين، وتخاذل الكثير عن نصرة الحزب، وقد استخدمت أسلوب الإثارة والعودة إلى التضامن مع الحزب.

ولم تبعد السفير عن أسلوب الانتقاد وإن ركزت على ضعف الدور العربي، ودعته إلى التحرك الفوري، وكانت تضم لبنان مع حزب الـلـه في خطابها. أما المستقبل فقد كانت أقل تعاطفا مع حزب الـلـه وكانت أحيانا تهاجمه، ولا تشير إلى أعماله بأنها بطولات، وتربط الحزب بسوريا وإيران، وأنه يخوض الحرب على أرض لبنان لخدمة تللك الدولتين، ودعت إلى الاهتمام بمصالح لبنان أولا، مطالبة العالم دعم لبنان في الحرب التي فرضت عليه لحساب أطراف أخرى.

وتعاملت النهار بتوازن في عرضها للحقائق دون تعصب لرأي على حساب رأي آخر، وأكثرت من التحليلات المتوازنة لبيان أسباب الحرب ومجرياتها، دون إثارة أو تحريض، وطالبت حماية لبنان من الدمار.

ولما تقلقلت الردود وترددت الاتجاهات تعددت المصطلحات، وهذا بدوره أوقع الإعلام في حرج ماثل في استخدام المصطلح بسبب وجود ثنائيات لغوية نشأت من ظلال المعاني للمصطلحات، والتلاعب بمفهوم المفردات التي تشكل البنية الدلالية الصغرى للخطاب. أما البنية الدلالية الكبرى للخطاب فقد تشكلت عبر قيام تلك العلاقة غير المنتظمة من مصطلحات متعددة لمفهوم واحد تبعا لتعدد الرؤى السياسية، حتى تبني التحيز اللغوي على أكتافها، ليتحقق التضليل الإعلامي. وبذلك تصل الأطروحة إلى أن اللغة ليست بريئة، وليست شفافة، إنما تتلون بلون البيئة التي تصاغ فيها .

المراجع

المصادر

أ : الصحف اللبنانية :

1 -   صحيفة الانتقاد العهد (الأخبار التي تناولت حرب لبنان بين الفترة من 12 تموز 2006 و حتى 16 آب
2006)

2 -   صحيفة السفير (الأخبار التي تناولت حرب لبنان بين الفترة من 12 تموز 2006 و حتى 16 آب 2006) .

3 -   صحيفة المستقبل (الأخبار التي تناولت حرب لبنان بين الفترة من 12 تموز 2006 و حتى 16 آب 2006) .

4-   صحيفة النهار (الأخبار التي تناولت حرب لبنان بين الفترة من 12 تموز 2006 و حتى 16 آب 2006).

ب :

—   الآمدي، أبو القاسم الحسن بن بشر، ت370 هـ منتهى السول في علم الأصول، ج1، الجمعية العلمية
الأزهرية المصرية، القاهرة،1940.

—   التهانوي، محمد بن علي، كشاف اصطلاحات الفنون، ج 2، تحقيق لطفي عبد البديع، الهيئة العامة
للكتاب، القاهرة، 1972.

—   الجرجاني، عبد القاهر، دلائل الإعجاز، تحقيق محمد شاكر، مكتبة الخانجي، القاهرة، 1984م

—   الجرجاني، علي بن محمد ، التعريفات، مكتبة لبنان، بيروت 1978م.

– ابن جني، أبو الفتح عثمان بن جني الموصلي ج1، ط1، تحقيق محمد علي النجار،دار الكتب المصرية، القاهرة.

– الرضي الاستراباذي، رضي الدين محمد بن الحسن، شرح الرضي على الكافية، مصحح: يوسف حسن عمر، جامعة قاريونس، بنغازي، 1978م.

– الرازي، محمد فخر الدين، التفسير الكبير، مفاتيح الغيب، ط1، ج26،دار الكتب العلمية، بيروت، 1983م.

– ابن زكريا، أبو الحسين أحمد بن فارس ، مقاييس اللغة،ج2، تحقيق عبد السلام هارون، دار الجيل، بيروت 1991م.

– الزمخشري، أبو القاسم جار الله محمود بن عمر، المفصل، تحقيق:ج.ب. بروخ، مطبعة الكوكب الشرقي، الإسكندرية، 1806م.

– الشاطبي، أبو إسحق إبراهيم بن موسى بن محمد، الموافقات، تحقيق الشيخ عبد الله دراز، ط 1، دار المعرفة، بيروت، 1994م، ج 3 .

– الشيرازي، محمد المهدي الحسيني، الاجتماع، ج1، دار العلوم، بيروت، 1992م .

– الفراهيدي ،الخليل بن أحمد، معجم العين، تحقيق مهدي المخزومي وإبراهيم السامرائي، ، مجلد 4 ، مؤسسة العلمي للمطبوعات، 1988م.

– الفيروزأبادي، أبو ظاهر محمد بن يعقوب القاموس المحيط، ط1،تحقيق مؤسسة الرسالة، بيروت، 1986م.

- الكفوي، أبوالبقاء أيوب بن موسى الحسيني، الكليات، معجم المصطلحات والفروق اللغوية، تحقيق عدنان درويش ومحمد المصري، ط2،مؤسسة الرسالة، 1993م.

- ابن منظور، أبو الفضل محمد بن مكرم ، لسان العرب، ط1، دار صادر، بيروت مجلد 1.

- ابن هشام، جمال الدين أبو محمد عبد اللـه بن يوسف، مغني اللبيب عن كتب الأعاريب، تحقيق: حسن جمد، دار الكتب العلمية، بيروت، 1998م.

ب. المراجع :

- استيتية, سمير,اللغة وسيكولوجية الخطاب بين البلاغة و الرسم الساخر, المؤسسة العربية للدراسات والنشر, بيروت, 2002

- إمام، إبراهيم، الإعلام والاتصال بالجماهير، مكتبة الأنجلو المصرية، القاهرة، 1975م

- إمام، إبراهيم، دراسات في الفن الصحفي، مكتبة الأنجلو المصرية، ط1،القاهرة، 1972م.

- إينزلابير، ستيفن. و ودري بيرو، وشانتو نيجر، لعبة وسائط الإعلام، ترجمة: شحدة فارع، دار البشير، عمان، 1999م

- بارت، رولان، نظرية النص، ترجمة: محمد خير البقاعي، نقلا عن مجلة العرب والفكر العلمي، بيروت، عدد 1988م.

- بالمر. ف. ر، علم الدلالة (إطار جديد)، ترجمة: صبري إبراهيم السيد، دار المعرفة الجديد، لبنان، 1999م

- بدوي، أحمد زكي، معجم مصطلحات الإعلام، دار الكتاب المصري، ط2، القاهرة، 1994م

- براون .ج. ب. وج . يول، تحليل الخطاب، ترجمة: محمد لطفي الزليطي، مساعد: منير التريكي، جامعة الملك سعود، الرياض، 1997م

- برهومة, عيسى عودة, (صراع القيم الحضارية ما بعد 11 سبتمبر 2001) تقرير استراتيجي, مركز دراسات الشرق الأوسط, عمان, 2006.

- بغورة، الزواوي، مفهوم الخطاب في فلسفة ميشيل فوكو، المجلس الأعلى للثقافة، القاهرة،2000م

- .تودوروف، تزفتان، اللغة والأدب في الخطاب الأدبي، ترجمة: سعيد الغانمي، المركز الثقافي العربي،بيروت، 1993

- الجابري، محمد عابد، الخطاب العربي المعاصر، ط1،دار الطليعة، بيروت، 1982م .

- الجزائري، أبو بكر جابر، أيسر التفاسير لكلام العلي القديرج4، ط 2، دار رسام، السعودية، 1987م.

- جواد, عبد الستار, اللغة الإعلامية, دراسة في صناعة النصوص الإعلامية وتحليلها, دار الهلال للترجمة, اربد, 1998م.

- حسان، تمام. اللغة العربية معناها ومبناها، دار الثقافة، الدار البيضاء، 1992 م.

- حسن، حمدي، الوظيفية الإخبارية لوسائل الإعلام،ط1، دار الفكر العربي، القاهرة.

- حمزة ،عبد اللطيف، الإعلام والدعاية، ط 2، دار الفكر العربي، القاهرة، 1978.

- خرما، نايف. أضواء على الدراسات اللغوية المعاصرة، سلسلة عالم المعرفة، العدد9، المجلس الوطني للثقافة والفنون والآداب، الكويت،1978م.

- خورشيد، فاروق، بين الأدب والصحافة، الدار المصرية للنشر، القاهرة، 1961م.

- داود، محمد محمد، اللغة السياسية في عالم ما بعد 11 سبتمبر، دار غريب للطباعة والنشر، القاهرة، 2003م.

- دريفوس، أوبير، و بول رابينوف، ميشيل فوكو مسيرة فلسفية، ترجمة: جورج أبي صالح، مراجعة وشروحات: مطاع صفدي، مركز الإنماء القومي، بيروت

- دلوز، جيل. المعرفة والسلطة "مدخل لقراء فوكو"،ط1، ترجمة: سالم يفوت، المركز العربي الثقافي، الدار البيضاء، 1987م.

- دي بوجراند، روبرت، النص والخطاب والإجراء، ترجمة: تمام حسان، ط 1، عالم الكتب، القاهرة، 1998م.

- دي سوسير (علم اللغة العام)، ترجمة يوئيل يوسف عزيز، مراجعة النص العربي: مالك يوسف المطلبي، دار آفاق عربية، د.ت.

- رشتي، جيهان أحمد،الأسس العلمية لنظريات الإعلام، ط1، دار الفكر العربي، بيروت، 1975 م.

- بول ريكور، النص والتأويل، ترجمة: مصطفى عبد الحق، نقلا عن مجلة العرب والفكر العلمي، بيروت، عدد 1988م.

- الريشاوي، يحيى عمر، الهيمنة الإعلامية في ظل العولمة،ط1، مؤسسة الرسالة ، بيروت، 2007.

ـ ريكو, بول, نظرية التاويل, الخطاب وفائض المعنى, ترجمة: سعيد الغانمي, ط1, المركز الثقافي العربي , المغرب, لبنان , 2003

ـ . زكريا, ميشال. الألسنية. "رومان جاكسبون, التواصل اللغوي ووظائف اللغة", قراءات تمهيدية, ط2،المؤسسة الجامعية للدراسات والنشر، بيروت، 1985 م.

ـ أبو زيد، فاروق. الخبر الصحفي، مكتبة العلم، جدة، 1981م.

ـ أبو زيد، نصر حامد، الخطاب والتأويل، ط1، المركز الثقافي العربي، الدار البيضاء، ، 2000م.

ـ أبو زيد، نصر حامد، النص والسلطة والحقيقة، الفكر الديني بين إرادة المعرفة وإرادة الهيمنة، ط 1، المركز العربي الثقافي، الدار البيضاء ، 1995م.

ـ زيما، بييرف، نحو سوسيولوجية للنص الأدبي، ترجمة: عمار بلحس، مجلة العرب والفكر العالمي، العدد 5 ، 1989م.

ـ السعران، محمود. علم اللغة "مقدمة للقارئ العربي" دار المعرفة المصرية، القاهرة، 1962م.

ـ شبلي، كرم. الإعلام والدعاية في حرب الخليج، وثائق غرفة العمليات،ط1، مكتبة التراث الإسلامي، القاهرة، 1992م.

ـ شرف, عبد العزيز, علم الاعلام اللغوي، ط1، الشركة المصرية العالمية للنشر، لونجمان، 2000م.

ـ شرف, عبد العزيز, اللغة الإعلامية, ط1, دار الجيل, بيروت, 1991.

- شرف, عبد العزيز, وسائل الإعلام ومشكلة الثقافة , ط1, دار الجيل, بيروت, 1993م.

- الشريف، محمد صلاح الدين، تقديم عام للاتجاه البراغماتي، المعهد القومي لعلوم التربية، تونس، 1986م.

- الشهري، عبد الهادي بن ظافر، استراتيجيات الخطاب، مقاربة لغوية تداولية، ط1، دار الكتاب الجديد المتحدة، بيروت، 2003م.

- شيللر، هربرت .أ، (المتلاعبون بالعقول)، سلسلة عالم المعرفة، الكويت، العدد 242، آذار، 1999م.

- صابات، خليل. وسائل الاتصال، نشأتها وتطورها، ط2،مكتبة الأنجلو المصرية، القاهرة، 1979م.

- العائدي، علي محمود، الإعلام العربي أمام التحديات المعاصرة، ط1، دراسة استراتيجية تصدر عن مركز الإمارات للدراسات والبحوث الاستراتيجية، العدد 35، 1999م.

- العاقد, أحمد. تحليل الخطاب الصحافي من اللغة إلى السلطة, دار الثقافة للنشر و التوزيع، الدار البيضاء, 2000م

- عارف، نصر محمد، و عبد اللطيف، كمال، إشكاليات الخطاب العربي المعاصر، ط1، دار الفكر المعاصر، بيروت، لبنان 2001.

- ابن عاشور، الطاهر. مقاصد الشريعة الإسلامية، تحقيق ومراجعة: الشيخ محمد الحبيب ابن الخوجة، ط 1، بيروت، 2004م.

- عبد الرحمن, طه. في أصول الحوار وتجديد علم الكلام,ط1، المركز العربي الثقافي، الدار البيضاء، 1987م.

- عبد الرحمن, طه، اللسان والميزان أوالتكوثر العقلي، ط1، المركز العربي الثقافي، الدار البيضاء، 1998م.

- عبد الحميد، محمد، البحث العلمي في الدراسات الإعلامية،، عالم الكتاب، القاهرة، 2000م.

- عبد اللطيف، سوسن عثمان، وسائل الاتصال في الخدمة الاجتماعية، مكتبة عين شمس، القاهرة،1993/1994 م

- عكاشة، محمود, خطاب السلطة الإعلامية وتقنية التعبير اللغوي، ط 2، الأكاديمية الحديثة للكتاب الجامعي، القاهرة، 2007

- عكاشة, محمود، لغة الخطاب السياسي "دراسة لغوية تطبيقية في ضوء نظرية الاتصال"، ط 1، دار النشر للجامعات، 2005م.

- علوش، سعيد، معجم المصطلحات الأدبية المعاصرة، المركز الثقافي العربي ، الدار البيضاء، 1985م.

- عمايرة، حنان إسماعيل، التراكيب الإعلامية في اللغة العربية, دار وائل للنشر والتوزيع، عمان،2006.

- عياشي، منذر. الكتابة الثانية وفاتحة المتعة، ط 1، المركز الثقافي العربي ، الدار البيضاء، 1998م

- فضل, صلاح, بلاغة الخطاب و علم النفس, سلسلةعالم المعرفة / 164 , الكويت، 1992.

– فوكو, ميشال. حفريات المعرفة، ترجمة سالم يفوت، ط2، المركز الثقافي العربي، دار توبقال، الدار البيضاء، 1988م.

– فوكو, ميشال, نظام الخطاب وإرادة المعرفة, ترجمة: أحمد سلطان, وعبد السلام بن عبد العالي, دار النشر المغربية, الدار البيضاء, 1985.

– كامل، فرج. تأثير وسائل الاتصال (الأسس النفسية والاجتماعية)، دار الفكر العربي، القاهرة، 1985م .

– كامل، محمود عبد الرؤوف، مقدمة في علم الإعلام والاتصال بالناس(مفهومه، نظرياته، تاريخه، نماذجه،....)، مكتبة نهضة الشرق، جامعة القاهرة، 1995م.

– لنشتاين، إلمارهو. رومان ياكبسن أوالبنيوية الظاهراتية، ترجمة:عبد الجليل الأزدي، الناشر: تانسفيت، مطبعة النجاح الجديد ، الدار البيضاء ، 1999 م.

– المسيري، عبد الوهاب، إشكالية التحيز، رؤية معرفية ودعوة للاجتهاد، مقدمة "فقه التحيز" السلسلة المنهجية الإسلامية، المعهد العالمي للفكر الإسلامي، 1998م، القاهرة.

– مصدق، حسن. النظرية التواصلية، ط1، المركز الثقافي العربي ، الدار البيضاء، 2005م.

– مصلوح، سعد. في النص الأدبي، دراسة أسلوبية إحصائية، ط1،النادي الأدبي الثقافي جدة، 1991م.

- المصمودي، مصطفى، النظام الإعلامي الجديد، الكويت، سلسلة عالم المعرفة، العدد 94، اكتوبر، 1985م.
- مكدونيل, ديان. مقدمة في نظريات الخطاب, ترجمة: عز الدين إسماعيل, المكتبة الأكاديمية, القاهرة، 2001
- .المبخوت، شكري، جمالية الألفة، النص ومتقبله في التراث النقدي، ط1، بيت الحكمة، قرطاج، 1933م.
- ميلز، سارة، مفهوم الخطاب في الدراسات الأدبية واللغوية المعاصرة، ترجمة: عصام خلف كامل، ط1، دار فرحة للنشر والتوزيع.
- نصر الـلـه، رفيق، الأمن الإعلامي العربي، إشكاليات الدور والهوية، رياض الريس للكتب والنشر ، بيروت، .2007
- الودرني، أحمد، أصول النظرية النقدية من خلال قضية اللفظ والمعنى في خطاب التفسير،ج1، نموذج الطبري، دار الكتاب الجديد المتحدة، بنغازي، 2006م .
- الوعر، مازن، جملة الشرط عند النجاة والأصولين العرب في ضوء نظرية النحو العالمي لشومسكي، لبنان، .1999م
- يقطين، سيعد، تحليل الخطاب الروائي "الزمن، التبئير،..." ط2،المركز العربي الثقافي، بيروت، 1997م.

جـ الدوريات و المجلات والصحف :

- برهومة, عيسى, (تمثلات اللغة في الخطاب السياسي), مجلة عالم الفكر, الكويت, مجلد 36, يوليو 2007.

- الجميل، سيار، الخطاب التاريخي العربي، مجلة المستقبل العربي، بيروت، العدد 148، 1991م.

- حسين، حمدي، تطور نظرية الاتصال واستراتيجياتالبحث في الدراسات الإعلامية، مجلة الإعلام، 1970م

- شاطي، ناصرعويد، الخطاب الثقافي، النص والقارئ، جريدة الصباح، الرياض، العدد417، 2004/10/25 م .

- رشوان، ضياء. مفهوم الحدود في الخطاب القومي العربي، مجلة السياسة الدولية، القاهرة العدد 111، 1993م.

- عبد الله، إبراهيم، إشكالية المصطلح النقدي، الخطاب والنص، مجلة آفاق عربية، بغداد السنة الثامنة عشرة، آذار، 1993م.

- العدوان، عبد الرحمن. وراشد الدويش، (استراتيجيات تعلم اللغة العربية بوصفها لغة ثابتة)، مجلة أم القرى، اللغة العربية وآدابها، السنة العاشرة، العدد السادس عشر، 1997م.

- قريرة, توفيق,(التعامل بين بنية الخطاب وبنية النص) عالم الفكر، الكويت, العدد الثاني, مجلد32, 2003.

− محمد، عبد العليم، (ملاحظات نقدية حول دراسة الخطاب السياسي)، مجلة المنار، باريس، عدد 7، السنة الأولى، تموز 1985م .

− المسدي، عبد السلام، (السياسة فكر الخطاب)، مجلة جسور الثقافة، عدد 10، السنة الأولى، كانون أول، 2005.

− المسدي، عبد السلام، لغة الخبر السياسي، جريدة الرياض بعنوان فرعي (السياسة وسلطة اللغة)، الخميس 11 ربيع الآخر 1426هـ ، 19 مايو 2005م، العدد 13478.

− مصطفى، السيد أحمد، العلاقة بين اللغة والصحافة، مجلة الثقافة العربية، بنغازي، عدد 27، سنة 17 يوليو 1990م

− الوعر، مازن، اللسانيات وتحليل الخطاب السياسي، المجلة العربية الإنسانية، تصدر عن مجلس النشر العلمي، جامعة الكويت، عدد 44، سنة 1997 م

− يقطين، سعيد، تحليل الخطاب الروائي وأبعاده النصية، مجلة الفكر العربي المعاصر، بيروت، شباط، 1989م، العددان 48 ، 49.

د- الندوات و المؤتمرات:

1-   المؤتمر العلمي لتحليل الخطاب العربي الثالث، بحوث مختارة, المحرر: غسان إسماعيل عبد الخالق, مراجعة: د.صالح خليل أبوأصبع, جامعة فيلادلفيا, الأردن, 1997.

2-   اللغة العربية في الإذاعة والتلفاز والفضائيات، الموسم الثقافي الحادي والعشرون، لمجمع اللغة العربية الأردني، 2003م.

3-   ندوة في (اللغة العربية و وسائل الإعلام), جامعة البترا، الأردن, أيار 2000   .

هـ رسائل جامعية :

1-   الإدريسي، أحمد محمد، تداوليات الخطاب واللسانيات، رسالة ماجستير، جامعة القاهرة، كلية الآداب، قسم الآداب، سنة 1987.

2-   جبار، صفاء صنكور. تحليل الخطاب في الدراسات الإعلامية (دراسة في الأسس النظرية)، رسالة ماجستير، جامعة بغداد، كلية الآداب، قسم الإعلام، 1996م .

3-   وادي حمود، جليل. الخطاب الإعلامي وإدارة الأزمة السياسية، (1991- 1998)، أطروحة دكتوراه، جامعة بغداد، كلية الآداب، قسم الإعلام، 2000م.

والمواقع الالكترونية .

المسدي، عبد السلام، (بين سلطة السياسة وسلطة اللغة)، مجلة أفكار إلكترونية، جامعة منوبة، تونس،

afkar@afkaronlioe.org.

Printed in the United States
By Bookmasters